EL
TESTIGO
El ***y*** *Siervo*

UNA VIDA GUIADA POR DIOS Y SU ESPÍRITU SANTO

EL TESTIGO y El Siervo

UNA VIDA GUIADA POR DIOS Y SU ESPÍRITU SANTO

GABRIEL COSME SANTIAGO

ola
PUBLISHING
INTERNACIONAL

ola
PUBLISHING
INTERNACIONAL

Hola Publishing Internacional
Eugenio Sue 79, int. 4, 11550
Ciudad de México

Primera edición, Septiembre 2023
ISBN: 978-1-63765-449-1
Número de control de la Biblioteca del Congreso: 2023912153

Dedicatoria

Este libro se lo dedico primero a Dios, por tan hermosa vida, y también a mi familia, Lercy, Jarieliz, y Abner Cosme, la cual tuvimos mucho amor, al igual que respeto y, sobre todo, entendimiento. Una esposa la cual yo me refiero como la definición de la ayuda idónea, una mujer la cual siempre puso el prójimo antes que ella incluyéndome a mí. Y a mis Hijos que siempre sepan que los amo, y estoy muy orgullosos de ellos son lo mejor que me ha pasado. Y que gracias por permitirme ser su padre.

Mis mejores deseos son que Dios siempre los cuide y bendiga. Desde lo más profundo de mi corazón, los amo. Esto no es de una sola persona, ¡toma un equipo o grupo escribir un libro, y qué equipo somos, chiquita! ¡Gracias, Dios, por esta familia que me diste en el mundo, siempre agradecido!

El Siervo
Gabriel Cosme Santiago

"Hijos, obedeced en el Señor a vuestros padres, porque esto es justo. Honra a tu padre y a tu madre, que es el primer mandamiento con promesa; para que te vaya bien, y seas de larga vida sobre la tierra. Y vosotros, padres, no provoquéis a ira a vuestros hijos, sino criadlos en disciplina y amonestación del Señor."

(RVR1960, Efesios 6:1-4)

Índice

Adulto 71

Prólogo

Por este medio le quiero dar las gracias por haber seleccionado leer este libro, en el cual encontrará cómo, desde una edad muy temprana, tuve que comenzar a trabajar para poder salir adelante. Le doy tantas gracias a Dios por permitirme compartir mi historia a través de este libro, el cual representa una gran historia de bendición y de amor de parte de Mi Señor. Este libro relata cómo, a través de la vida, logré apreciar el amor de Dios y cómo Él extendía su mano en toda situación en la cual me encontraba, mostrándome su camino fielmente y guiándome con su Espíritu. Mi nombre es Gabriel y esta es una historia guiada por Dios y una increíble aventura para su siervo.

Infancia

Familia

Mi nombre es Gabriel Cosme, soy puertorriqueño, del pueblo de Carolina. Nací en 1972 en el hospital Sagrado Corazón. En ocasiones, he mirado la vida como una antesala de una historia, pero no sabía, literalmente, qué historia o de quién, y luego me di cuenta de que era mi historia. Les cuento que durante lo que fue mi niñez, tuve a mis padres, mi padre se llamaba Antonio Cosme Lanzo y mi madre Julia Santiago Rodríguez. Yo soy el menor de tres hermanos; tengo un hermano de nombre Antonio Cosme Santiago, el mayor, y una hermana que se llama Mildred Cosme Santiago, que es la del medio. Muchas veces, a pesar de ser el menor, siempre estaba jugando solo, yo no tenía muchos amigos en el área.

Como a la edad de cinco años, mi papá era una persona, según puedo recordar, bien estricto con nosotros en todas las áreas de la vida, trabajador y buen proveedor y, en ocasiones, muy fuerte en la disciplina corporal. Me acuerdo de que él era guiador de autobús y siempre iba al zoológico de animales en Mayagüez, Puerto Rico. Mi mamá, cuando podía, nos dejaba irnos con él en el autobús y, por alguna razón, me sentía feliz de que era mi padre el que guiaba el autobús, y los otros niños me miraban y me respetaban. También me acuerdo de que mi madre ayudaba en la gira a las maestras de la escuela cuando tenían muchos niños. Con ella también visitábamos un lugar llamado el Parque Luis Muñoz Rivera con frecuencia y también a la playa cercana al parque. A mí siempre me gustaba cuando salíamos porque podíamos, en muchas de las ocasiones, comer afuera y no en la casa.

Sin embargo, en esta etapa de mi vida, pasé por situaciones que me hacen pensar que mi hermano sentía celos de mí e, incluso, en ocasiones hubieron momentos en los cuales yo terminaba siendo herido físico o emocionalmente por él y por adultos y, aunque yo trataba de entender las acciones de los adultos con los que me encontraba, no las entendía, porque decían una cosa y hacían otra. A veces yo daba mi opinión, pero nunca le prestaban atención y yo terminaba dolido y confundido. De esta forma, mi carácter se fue marcando y dañando mientras yo trataba de darle sentido a mi vida, aunque era muy pequeño. Por causa de esto, también comencé a tener problemas con mis amigos, aunque eran pocos. Lo mismo me pasó en las áreas de confianza, madurez y responsabilidad, las cuales me tocó enfrentar a muy temprana edad.

Incidente viajando en el carro

Me acuerdo de que mi hermana le gustaba cantar, especialmente en el carro cuando salíamos a pasear en automóvil. En una ocasión, mi hermana estaba cantando y mi papá le dijo que dejara de cantar, pero ella no lo hizo. Mi padre se enojó mucho y detuvo el automóvil, buscando reprender a mi hermana. Salió del vehículo, abrió la puerta en la que se encontraba mi hermana y le pegó en el rostro. Esta fue una situación que cambió mi forma de pensar y de cómo hacer las cosas. No obstante, no fue por lo que él hizo y por pensar que quizás yo podría estar en esa situación, sino porque me di cuenta de que si esa situación me sucediera, sería por no prestar atención a las cosas importantes. Siempre pensé que eso fue innecesario e injusto, pero provenía de mi padre y no podía faltarle el respeto.

Mis padres vivían en un complejo de apartamentos en Caguas, Puerto Rico. Me acuerdo de que un día hubo un incidente en el cual murió una mujer con un vestido blanco, pero por causa de la sangre se veía de color rojo. Cuando yo vi la escena del crimen, comencé a tener miedo y tristeza por ella. Cuando vi esto desde el balcón de mi apartamento no entendía cómo un humano podía terminar la vida de otro, y en ese momento tuve mucho miedo. Recuerdo que mi madre gritó y entonces pude entender que algo grande y malo había sucedido.

Este tipo de situaciones conflictivas también sucedían en lo que era el matrimonio de mis padres, y mi mamá, en gran parte del tiempo que estuvieron juntos, no pasaba mucho tiempo con él. Recuerdo que a muchos lugares que fuimos era con mi mamá y no mi con mi papá. Esta situación fue pasando por mucho tiempo, hasta que mi mamá le pidió el divorcio. Así, después de poco tiempo, mis padres se divorciaron, y mi madre se juntó con otro hombre que no era muy afectuoso con mi mamá ni con nosotros. Pero ella estaba contenta con él y era lo que más importaba.

Mi madre se casa nuevamente

Después de conocer a este otro hombre, mi madre y él se casaron. Su nombre era Roberto Caraballo. Él era muy diferente a mi padre biológico; mi padre biológico trabajaba en el gobierno de Puerto Rico y también era investigador privado. Se retiró de sus trabajos y, entonces, cuando él podía, siempre pasaba por la casa a vernos. Después del divorcio, mi padre trató de rehacer su vida con otra mujer, pero nunca pudo, ya que se dejaron. Sin embargo, él continuaba siempre contribuyendo financieramente para nosotros y, cuando tenía dinero *cash,* también nos daba. Todo esto al contrario de mi padrastro, que trabajaba haciendo rejas y, en ocasiones, no tenía trabajo. Sin embargo, comencé a ayudarlo porque él comenzó a encariñarse conmigo y poco a poco lo aprendí a querer.

Incidente en la piscina

En una ocasión, mi padrastro nos llevó a un pueblo llamado Salinas, en Puerto Rico. Miré por la ventana del automóvil y estábamos en un lugar donde había mucha gente en una piscina grande y muchos niños jugando. Yo estaba muy contento y, cuando nos establecimos, le pregunté a mi madre si podía ir a la piscina y me permitió ir. Corrí hacia la piscina para verla más de cerca y el agua se veía hermosa, entonces, me quité la camiseta y entré en el agua. Estaba muy contento y comencé a hablar con los otros niños y a jugar dentro del agua.

Luego de unas cuantas horas, decido salirme de la piscina. Voy a donde mi madre para que me dé una toalla, ya que tenía mucho frío. Después, me fui a sentar en el borde de la piscina en el área profunda para ver a las persona y niños que se atrevían a nadar en lo profundo. Luego de un corto tiempo, comenzaron unos muchachos grandes jugar fuera de la piscina y, cuando pasaron por donde yo estaba, uno de ellos me tumbó en la piscina.

Me acuerdo de que cuando estaba debajo del agua miraba a la superficie, hasta que todo se puso negro. Luego abrí mis ojos y me di cuenta de que había alguien sobre de mí. Era el salvavidas, que me estaba dando primeros auxilios. Cuando regreso en mi estado de conciencia, miré a mi alrededor y todo el mundo me estaba viendo. Después, me llevaron a un lugar para saber si estaba bien y luego nos fuimos a la casa.

Incidente en la Isla de Cabras

Me acuerdo de que, en una de las giras de la escuela, fuimos a la Isla de Cabra, una pequeña isla adyacente a la isla de Puerto Rico. Ese día había muchas más escuelas de todas las regiones de la Isla que, de casualidad, también usaban el mismo uniforme de *kindergarten* rojo y azul.

Todos, tanto los niños como los adultos, estábamos muy contentos y compartíamos juntos. En esta ocasión mi mamá se quedó en la casa y me mandó con las maestras de la escuela, pero yo no me acuerdo del viaje en la guagua ni de ninguna maestra. Cuando llegamos a la isla, nos bajamos de la guagua y nos fuimos a jugar en la orilla de la playa.

Sucedió que en un momento estaba jugando en la orilla de la playa y hubo un estruendo de tormenta cuando comencé a notar que las personas, poco a poco, agrupaban a sus niños y comenzaban a correr para los gazebos. Noté que corrían para cubrirse de la tormenta de la que ni yo, ni nadie que estuviera conmigo, nos aviamos percatado. Pero, cuando las personas comenzaron a correr y a gritar por la tormenta eléctrica, yo comencé a correr para uno de los gazebos para cubrirme sin percatarme de que en el área en la que me encontraba no reconocía a nadie, solo estaba ansioso y desesperado por no poder moverme del gazebo una vez llegara allá en donde estaba las personas huyendo de la tormenta y cubriéndose.

Mientras la tormenta se intensificaba más, todas las guaguas escolares se estaban yendo con sus alumnos y maestros de regresó a sus respectivos pueblos de la isla. Mientras, yo continuaba en mi búsqueda de las personas que eran responsables de mí, sin tener suerte alguna. Al poco tiempo, la tormenta fue disminuyendo poco a poco, pero ya se habían regresado todas las guaguas con sus maestros y estudiantes, hasta que ya no quedaba nadie, solo yo.

Ahora, entiendan que tenía solo como cinco años. Por alguna razón, sentí que todo estaría bien y no quería que mi madre preocupara por mí. Al fin, comencé, como niño, a caminar en la orilla de la playa y hasta logré sentir alegría que era el único en la playa. Pasada como media hora, a la distancia, veo dos ancianas con vestimentas de color blanco caminando hacia mí y preguntándome si estaba solo, y lo que les dije fue que alguien vendría por mí, pero no sabía quién ni cuándo. En ese momento, ellas se ofrecieron a cuidarme hasta que vinieran por mí.

Las ancianas hablaban mientras yo jugaba y recogía caracoles vivos en la playa y los ponía en un vaso y los tapaba con las manos. Cuando las ancianas se cansaron, llamaron a un taxi y me llevaron al cuartel de la policía de la isla.

Me acuerdo de que en el camino derramé por error el contenido de los caracoles en el vaso y ellas comenzaron a gritar, lo que causó que el taxista parara para que yo pudiera recoger los caracoles y continuar. Llegando al cuartel, me ofrecieron a comer un trozo de pollo de KFC mientras ponían mi información en las noticias de toda la isla. Cuando pregunté por las ancianas, ellos dijeron que no había ningunas ancianas conmigo, y desde ese momento no supe más de ellas.

Por la tarde, o más bien en la noche, la guagua de mi escuela estaba de regreso para buscarme y llevarme a mi casa, y yo estaba deseoso de ver a mi madre y contarle los hechos. Llego como después de dos horas a mi casa y mi madre y casi todas las personas del complejo de apartamentos estaban afuera esperando mi regreso. Me acuerdo de que, cuando llegué, muchas personas querían abrazarme y decirme lo mucho que se alegraban de verme bien y con vida. Yo estaba contentísimo de ver a mi mamá y a mis hermanos. Muchas personas, desde la distancia, me decían cosas muy lindas y que estaban contentas por mi regreso. Al otro día, le estaba contando a mi mamá del incidente que me sucedió con los caracoles en la playa y cómo dos ancianas que estaban en la playa me habían ayudado, pero después que llegué al cuartel no supe más de ellas.

Mi mamá no me puso mucha atención, pero esta historia quedó en mi memoria por siempre, ya que nunca supe por completo exactamente qué sucedió en la playa. Solo sé que fue una gran bendición angelical de parte de El Señor.

Los juegos

Cuando mis hermanos y yo estábamos en el apartamento, en ocasiones jugábamos; eran raras las ocasiones, pero jugábamos. Por ejemplo, un día, mi hermano y yo nos fuimos a correr por la escuela que quedaba cerca y, trepándonos en el techo, ya que había una parte del techo que estaba a un nivel más bajo, me caí sobre mis manos y rodillas

Mi madre, cuando podía, nos llevaba en el transporte público hasta la capital de la isla de Puerto Rico, y jugábamos en un parque llamado Luis Muñoz Marín, un parque público donde muchos podían ir a divertirse. Como yo era pequeño, se me hacían difíciles los juegos, y las cosas que podía hacer era solo una chorrera hecha en piedra que podía alcanzar y para la que casi nunca había línea de espera. Luego de un tiempo, me acuerdo, los pantalones que traía puestos se habían roto en la parte trasera por causa de la piedra de la chorrera.

La oración

En todas mis oraciones de niño, como no sabía orar, le decía al Señor al final que se hiciera su voluntad y no la mía. Entendía que cualquier cosa que Dios quisiera era mejor que cualquier cosa que yo pudiera desear. Aunque, en ocasiones, me sentía confundido porque algunas personas me decían, aunque era un niño, que yo no iba a ser salvo porque yo visitaba casi todas las iglesias y a Jesús no le gustaba eso. Yo trataba más o menos de interpretar lo que me decían, pero no entendía eso de las denominaciones y las diferentes iglesias. Yo, en mi corto entendimiento, y solo siendo un niño, no entendía cómo, si solo había un Dios, porque había tantas diferentes iglesias. Ahí entendí que todo el mundo es bueno para criticar y señalar a los demás y dejarse llevar por su propia opinión y que no porque eran adultos siempre tenían la razón, porque decían una cosa y hacían otra. Tuve que aprender, como muchas personas, a la mala y en la calle. Esto fue algo con lo cual yo siempre batallé, desde pequeño.

¿Cómo entender a los adultos? Siempre fui criticado por ir a diferentes iglesias cuyas diferencias, en ese tiempo, yo no entendía. Un día, mi amigo me invita para la iglesia y acordé que sí, que vendría a su casa en la mañana, como ya lo había hecho anteriormente. En esa mañana me levanté un poco tarde y corrí a vestirme y prepararme para irme. Tomé mi Biblia, pero llegué tarde a la casa de mi amigo y, cuando llegué a la casa, noté que la guagua en la cual siempre íbamos no estaba en la casa.

Me puse triste y llegué a pensar irme a mi casa, pero cuando estaba caminado hacia la casa, algo me dijo que fuera a la iglesia. Comencé a debatir el pensamiento, pero solo la idea de hacerlo me llenaba de emoción. El único problema era que yo no sabía dónde era la iglesia, así que me detuve y medité en la palabra y, entonces, decidí ir a la iglesia caminando. En esta etapa de la vida yo contaba como con ocho o diez años de edad y no podía reconocer el camino de la iglesia.

Pero, bueno, le hice caso a la voz y al pensamiento y comencé a caminar lo que yo ya sabía sería una larga caminata. Nunca me concentré en cuánto caminaría, solo quería escuchar de Dios en la iglesia. Me gustaba cómo las personas compartían en un ambiente sano para todos. Mientras caminaba, solo observaba a las personas por donde yo caminaba, y nadie preguntaba ¿estás perdido? o ¿dónde está tu mamá?, sino que continuaban mi caminar. Tuve que entrar en un caserío para cruzar por él y no dar la gran vuelta.

Cuando estuve en el caserío me percaté de que había ocurrido el asesinato de un hombre, su cuerpo se sin vida en una piscina de sangre. Corté por otro camino y, ya habiendo cruzado, no dejaba de pensar en esa persona y lo que había acontecido. Mo dejaba de pensar cuán pronto nos puede llegar la muerte. Sin embargo, pude concentrarme y continuar mi camino hacia la iglesia. En ese punto ya tenía alrededor de tres horas de camino y faltaba solo un poco más, aunque las piernas me dolían y quería tomar un poco de agua.

Como cuarenta y cinco minutos después llegué a la iglesia, casi terminando, pero alcancé a estar en el salón de escuela dominical. Les comento que, en este salón, había otros niños que tenían más conocimiento y mejores Biblias que yo, como el hijo del pastor y de miembros de la iglesia. Para mí, sin embargo, lo más importante era estar allí y compartir con los otros niños. En realidad, se sentía como un lugar especial en el cual me gustaba estar.

Cuando terminó la clase, comenzaron a llamar nombres de los niños porque era el último día de clase y debían pasar al frente para recoger un certificado de completamiento de la escuela dominical. Todos estábamos muy contentos, incluso yo, aunque mi nombre no fue mencionado. Luego anunciaron al estudiante que más resaltó en la clase y, para mi sorpresa, era mi nombre. Aunque no entendía, ellos seguían proclamando mi nombre; era extraño, pero se sentía bien, y me animaba a hacer más. Bueno, pues pasé al frente para recoger el certificado y quedé sorprendido una vez más, porque no era un certificado, era una medalla.

Yo estaba inmensamente contento, todos los niños querían ver la medalla y querían hablar conmigo, lo cual no era usual, pero lo estaba disfrutando gracias a Dios. Y ahí no termina todo. Nos llamaron para pasar al santuario, donde el servicio se estaba llevando a cabo, y justo cuando estaban por terminar, el pastor llamó a los niños de la clase y después llamó mi nombre desde el pulpito, y eso para mí fue increíble. Subí al pulpito donde estaba el pastor y me bendijo ante toda la congregación. Después del servicio sí pude ir me con mi amigo y su mamá. Ese día nunca lo olvidaré, lleno de alegría y bendición.

Recuerdo que, llegando a mi casa, estaba contento y quería decirle a mi mamá, pero, para mi sorpresa, nadie se encontraba en la casa en ese momento. De todos modos, fue un día maravilloso regalado por mi Señor para bendición de su siervo.

Juventud

La vecina

Después de un tiempo nos mudamos de Caguas a otro complejo de apartamentos, pero en el pueblo de Carolina. Los departamentos se llamaban Los Naranjales. En este lugar, mi mamá conoció a una señora que tenía cuatro hijos, dos niñas y dos niños, los cuales eran mayores que yo. La amistad de esta familia y la mía se siguió solidificando según pasaba el tiempo. De hecho, un tiempo después, nos mudamos juntos a una casa en el barrio de Cubuy. La casa en la cual vivíamos era una casa que se utilizaba para un programa de jóvenes *Boys Scouts* o niños escucha.

La casa ofrecía buena comodidad y espacio para las dos familias, ya que estaba dividida en mitades iguales, así que cada uno tenía su área. Sin embargo, éramos once en la casa. Me acuerdo de que los adultos siempre estaban ocupados trabajando o por algún lugar, mientras nosotros, los pequeños, hacíamos travesuras y nos aventurábamos a realizar cosas inocentes y buenas… Bueno, a veces no, claro.

Me acuerdo de que teníamos animales como caballos, perros y gallinas; y también plantas, café, muchas fresas silvestres, mamey y muchos frutos de mango. La casa tenía un gran terreno y era muy hermosa. Durante los días de la semana, como de costumbre, asistíamos a la escuela, pero la escuela quedaba en Carolina, así que mi mamá siempre se iba a casa de su hermana de crianza. Mi padrastro llegaba por nosotros como a las cinco de la tarde y, entonces, todos nos preparábamos para irnos a la casa. Pero, justo antes de llegar a la casa, pasábamos a una panadería y siempre comprábamos siete libras de pan, para las dos familias.

Cuando llegábamos a la casa, estábamos ansiosos de comernos el pan que en muchas ocasiones se encontraba caliente y recién sacado del horno. Esta rutina se hacía como tres o cuatro veces a la semana. Me acuerdo de que era una de las cosas que más me gustaba hacer, ya que todos lo hacíamos juntos. Al llegar, buscábamos granos de café en la cocina o en la finca afuera de la casa, ya que teníamos cultivo de café, y preparábamos una olla de presión llena de café para todos. Nos sentábamos a platicar de todo lo acontecido en el día y cómo nos había ido.

Les cuento que, cuando los menores nos encontrábamos solos, hacíamos cosas como ir al río y, como niños, nos gustaba nadar, a veces, sin ropa, lo que solía ser común o usual en esos tiempos. La hija era más o menos de mi edad, y me acuerdo de que ella y yo nos habíamos visto y sentido de forma especial desde la primera vez que nos vimos en Los Naranjales, me gustaba mucho. Al fin, como niños, comenzamos a jugar y compartir muy frecuente hasta, en ocasiones, tener intimidad, simplemente de tocarnos. Claro, todo esto como cosas de niño, ya que yo solo tenía como diez o doce años, aunque me veía aún más joven.

Una vez estábamos en el campo jugando, como usualmente lo hacíamos, pero esta vez estábamos en un tanque gigantesco de agua, y ella y yo nos metimos sin ropa a jugar y a nadar. Después de un tiempo nos salimos y, cuando nos íbamos a vestir, nos sentíamos como que el cuerpo nos temblaba y no nos atrevíamos a decir nada, estábamos sin palabras. Yo sentía una atracción hacia ella y se lo comuniqué, y ella dijo que también sentía lo mismo. Le pregunté que si quería tener relaciones y me dijo que sí. Cuando estábamos en el suelo, de repente, sentí un dolor en uno de mis glúteos y, para mi desgracia, me había picado una avispa, lo que me hacía sentir mucho dolor y no pudimos tener nuestro momento de intimidad juvenil. La niña me revisó y me dijo qué fue lo sucedido y rápidamente nos vestimos y nos fuimos a la casa. Cuando llegué, me fui al baño para bañarme y mi madre entró y me revisó. Me pregunto qué fue lo que me había pasado, y le conté que me picó una avispa, y ella no se dio cuenta el por qué y cómo me sucedió eso, aunque se suponía que yo tenía mis pantalones puestos. Salió del baño y yo continué bañándome. Por un momento, pensé que ella me iba a cuestionar, pero no fue así. Mientras me bañaba, meditaba en cómo habían sucedido las cosas y si posiblemente pudiera hacer más cosas como esas. Así vinieron a mí muchos pensamientos, como un tren, uno tras otro; pensamientos malos en los cuales yo nunca había pensado antes.

Sexualidad: cómo Satanás quería atraparme

"Ningún varón se llegue a parienta próxima alguna, para descubrir su desnudez. Yo Jehová. La desnudez de tu padre, o la desnudez de tu madre, no descubrirás; tu madre es, no descubrirás su desnudez. La desnudez de la mujer de tu padre no descubrirás; es la desnudez de tu padre. La desnudez de tu hermana, hija de tu padre o hija de tu madre, nacida en casa o nacida fuera, su desnudez no descubrirás. La desnudez de la hija de tu hijo, o de la hija de tu hija, su desnudez no descubrirás, porque es la desnudez tuya. La desnudez de la hija de la mujer de tu padre, engendrada de tu padre, tu hermana es; su desnudez no descubrirás. La desnudez de la hermana de tu padre no descubrirás; es parienta de tu padre. La desnudez de la hermana de tu madre no descubrirás, porque parienta de tu madre es. La desnudez del hermano de tu padre no descubrirás; no llegarás a su mujer; es mujer del hermano de tu padre. La desnudez de tu nuera no descubrirás; mujer es de tu hijo, no descubrirás su desnudez. La desnudez de la mujer de tu hermano no descubrirás; es la desnudez de tu hermano. La desnudez de la mujer y de su hija no descubrirás; no tomarás la hija de su hijo, ni la hija de su hija, para descubrir su desnudez; son parientas, es maldad. No tomarás mujer juntamente con su hermana, para hacerla su rival, descubriendo su desnudez delante de ella en su vida.

Y no llegarás a la mujer para descubrir su desnudez mientras esté en su impureza menstrual. Además, no tendrás acto carnal con la mujer de tu prójimo, contaminándote con ella.

Y no des hijo tuyo para ofrecerlo por fuego a Moloc; no contamines así el nombre de tu Dios. Yo Jehová. No te echarás con varón como con mujer; es abominación. Ni con ningún animal tendrás ayuntamiento amancillándote con él, ni mujer alguna se pondrá delante de animal para apuntarse con él; es perversión."

(RVR1960, Levítico 18:6-30)

Todas estas experiencias fueron pasando a lo largo de mi corta vida y sin nadie que me ayudara a procesarlas. Comenzó a cambiar mi forma de pensar y tener sentimientos confundidos que no me gustaban. Me acuerdo de que no tenía confianza con nadie, ni siquiera con mis parientes, para poder hablar y conversar de estas cosas.

El éxito de quienes han sido llamados por Dios no radica en sus capacidades, sino en el Dios que los llamó. A veces consideramos que no somos los más indicados para ejercer el ministerio; pero, si permitimos que Él nos tome en sus manos, entonces todo será posible. La experiencia de la tentación revela que ser el hijo de Dios conlleva una misión que se debe cumplir. Asimismo, Jesús demuestra estar comprometido en el cumplimiento de esta misión según las órdenes y las maneras de Dios. De esta forma, ser hijo requiere obediencia, Jesús demuestra eso como el Hijo de Dios, ya que es fiel y no sirve a sus propias necesidades y deseos.

Además de lo que ya he contado que pasó con mi vecina, de igual forma compartía con los varones. En ocasiones nos bañábamos en el río desnudos y, como niños, comentábamos de lo que veíamos de nuestros cuerpos y nos reíamos sin ningún mal. Sin embargo, esto comenzó a hacerse más frecuente entre los varones hasta el punto de que también uno de los varones de la otra familia comenzó a tener actos lascivos conmigo. Yo no entendía por qué él quería tocarnos, porque no solo era a mí, sino también a mi amigo que era de mi edad, más o menos.

A mi corta edad no podía entender por qué cedía emocionalmente a eso cuando podía sentir mi cuerpo temblando como si quisiera salir corriendo. Estos incidentes siguieron aumentando en frecuencia a medida que estaba creciendo y yo no sabía cómo evitarlos. Me sentía como si yo mismo me hubiera atacado o faltado el respeto a mi persona, como si hubiera fallado en mi misión. No estaba de acuerdo en nada, pero ya no sabía cómo parar estos incidentes, así que mi solución fue parar de frecuentar lugares, casas y amistades.

También recuerdo que los hijos de la otra familia tenían una gran sembradera de mariguana en una parte del campo que frecuentaban mucho cuando íbamos al monte. Un día, estaba con uno de mis amigos y los muchachos nos ofrecieron fumar lo que a nosotros nos parecía un papel de libreta, pero ellos habían puesto mariguana y no nos percatamos. Ellos nos explicaron cómo hacerlo y nosotros, como niños, al fin, lo hicimos. También nos pusieron a hacer actos depravantes, sentándonos a mí y a mi amiguito desnudos los dos. Luego de este suceso, todos nos fuimos para la casa y estábamos caminando, pero lo que sentíamos era como si nada fuera real.

Cuando llegamos al barrio, nos fuimos a una casa que estaba todavía en construcción en el segundo piso. Estando allí, lo único que hacíamos era reinos y, llegando una niña que nos conocía, nos amenazó con que le iba a decir a mi mamá lo que habíamos hecho, ya que seguíamos riéndonos y no podíamos parar. Como al cabo de quince minutos mi mamá llegó y nos vio así, me preguntó qué hacíamos, yo traté de contestarle, pero comencé a reírme. Los niños más grandes finalmente le dijeron lo que sucedió y mi mamá, de inmediato, me llevó al hospital.

Me acuerdo de que, cuando llegó el doctor, pude escuchar lo que le decía a mi mamá acerca de mí. Él decía el estado en el que me encontraba y lo peligroso que podía ser si no se me controlaba la risa, ya que me dolía el estómago y no podía respirar bien. El doctor decidió ponerme un tranquilizante por inyección y, en un poco rato, ya estaba tranquilo.

En suma, la vida que estaba viviendo en esa casa era muy complicada para entender a tan temprana edad, ya que no había mucha supervisión de los adultos, y nosotros nos exponíamos a muchos riesgos. Así estuvimos por un periodo de uno o dos años, hasta que a mi padrastro le dieron una casa como herencia en el pueblo de Carolina, Puerto Rico.

La casa de St. Just

"Toda la Escritura es inspirada por Dios, y útil para
enseñar, para redargüir, para corregir, para instruir en
justicia, a fin de que el hombre de Dios sea perfecto,
enteramente preparado para toda buena obra."

(RVR1960, 2 Ti 3:16-17)

Así, nuevamente nos tocó mudarnos, y en esta ocasión fue
a un barrio llamado St. Just en Carolina, Puerto Rico. Este
barrio estaba en medio de la ciudad y el campo, y era (o
parecía) un área buena para crecer, o al menos eso fue lo
que yo pensé. Tenía una bicicleta y me podía ir a casa de
unos amiguitos cerca para poder jugar.

Nuestra casa contaba con dos habitaciones, una sala,
comedor y un patio pequeño atrás. Siempre, por alguna
razón, esa casa se sentía oscura, como si algo negativo
siempre estuviera ahogándonos y queriendo dañarnos.
Así era como yo me sentía, y mis padres no podían resolver

lo que estábamos viviendo, porque no era algo visible ni tangible y se convirtió como algo normal. Sin embargo, cuando sucedía algo siempre nos asustábamos mucho, aunque entendíamos que no podíamos hacer nada.

Una noche en la que estábamos mis hermanos y yo durmiendo, como a eso de las dos de la mañana, me acuerdo de que desperté por alguna razón y yo estaba moviendo mi mano derecha como si estuviera acariciando un gato. Y cuando fijé mis ojos, vi que no lo estaba soñando, lo estaba haciendo de verdad: tenía un gato negro que no era de nosotros y que tampoco reconocía de alguno de los vecinos cercanos. Entonces, me asusté, tomé el gato por el pelo, me fui por la puerta que daba a la parte de atrás de la casa y lo solté, y él se fue. Luego entré y me acosté como si nada, hasta a mí me sorprende tan poco interés que mostré en el asunto, pero era que en esa casa pasaban muchas cosas que no tenían explicación.

En otra ocasión, estábamos también durmiendo y me desperté porque sentía como si me estuvieran observando, y mi cama quedaba cruzada hacia la puerta, mirando a la puerta del cuarto. En ese, momento me acuerdo de que no podía cerrar los ojos porque, por alguna razón, sentía esa presencia, muy mala. Comencé a mirar hacia la puerta y pude observar cómo dos puntos rojos, como ojos pequeños, se suspendían en el aire. A medida que pasaba el tiempo, ellos se estaban acercando hacia mí y, en mi mente, se veía como una cara muy obscura y comencé a orar en mi desesperación. Simplemente, me asusté y me cubrí con la sábana que tenía, hasta que desaparecieron, no sin antes haber dejado una muy mala experiencia en mi mente, y no podía lograr que se fuera lo que yo estaba sintiendo en ese momento.

Nunca, que yo me acuerde, le comenté a nadie acerca de estas experiencias, y nunca entendí por qué me sucedían a mí tan frecuentemente. Además, esta casa también tenía sus secretos, porque dentro de la marquesina de la casa estaba colgada una culebra. ¿Quién quisiera colgar a una culebra por el cuello? Y vale la pena decir, además, que estaba preñada cuando la mataron, por lo que las culebras bebés estaban por todos lados. Le comenté a mi mamá, y me acuerdo de que esa misma noche se metió una de esas culebritas y me tocó matarla con un cuchillo porque nadie se atrevía a hacerlo, y yo la piqué como en mil cantos en medio de la cocina, ya que mi hermano y mi hermana no se atrevían, y mi padrastro no estaba en la casa. Mi padrastro casi nunca estaba en la casa.

Sin embargo, el poco tiempo que pasaba con mi padrastro casi siempre sucedía algo o alguna situación. Un buen día, mi mamá me dijo que nos íbamos a ir a algún lado en el automóvil de mi padrastro, marca Nova. Siempre cuando salíamos, a mí me gustaba sentarme en el medio en el asiento de atrás para ver mejor entre los asientos y hablar con ellos. También me gustaba pasar por una cuesta cerca de la casa, porque se sentía como una montaña rusa y me provocaba sentir mariposas en mi estómago cuando bajábamos la cuesta. Ese sentimiento me gustaba y mi padrastro solía ir un poco más rápido para obtener esa reacción. Esa vez, cuando el carro iba bajando en la cuesta, miramos a un muchacho que venía compitiendo con otro en una motora pequeña y, sin percatarse de que nosotros íbamos en dirección contraria y que él estaba en medio de la carretera, sucedió lo esperado: el muchacho terminó impactando la parte delantera del vehículo. Luego del impacto, voló por encima del carro mientras yo miraba como era suspendido en el aire por el impacto y caía en el pavimento detrás del vehículo. Mi padrastro se detuvo y decidió ayudarlo; como pudo lo levantó y lo puso en el vehiculó, lleno de sangre. Lo llevamos al hospital y lo dejamos allá. Mi padrastro dejó, también, su información en el hospital, para cumplir y ser responsable.

Nunca supimos del otro muchacho que iba en la motora pequeña. Unos pocos días después, mi padrastro se entera de que había un abogado en el hospital aconsejando al muchacho del accidente que demandaran a mi padrastro por el accidente, pero el muchacho habló con mi padrastro y le explicó que no lo iba a demandar porque había sido culpa de él, que no vio el carro. ¡Y para la gloria de Dios, el muchacho estaba bien! ¡Mi padrastro me dio una muy buena lección de vida que por siempre estaré agradecido! Ya que en este incidente pude ver cómo tenemos que preocuparnos no tan solo por nosotros, sino también por nuestro prójimo.

"Amarás a tu prójimo como a ti mismo."

(LBLA, Mateo 22:39)

El Creador

Un día decidí ir a la casa de mis amigos me recibió un hombre que decía ser el hermano de la señora que cuidaba a mis amigos. Él me invitó a pasar y me dijo que quería enseñarme algo en su cuarto; entramos y él, enseguida, cerró la puerta con seguro. En ese momento, me asedió un miedo y mi cuerpo comenzó a temblar incontrolablemente. Me indicó que mirara a la televisión que tenía en su recamara, y para mi sorpresa, tenía una película de adultos. Me explicó que nosotros podíamos hacer eso si yo quería. Él comenzó a acercarse a mí y yo no me podía mover. Comencé a orar en mi mente cuando, de repente, se abrió la puerta de la recamara y entró una señora vestida de blanco que comenzó a hablarle sin prestar atención a lo que estaba pasando en la recamara. En eso, algo en mi mente me dijo "corre" y, en ese instante, salí corriendo por donde estaba la señora en la puerta.

Pude salir de la casa corriendo y me fui directo para mi casa en bicicleta. Ya en mi casa, estaba muy nervioso y preocupado por la situación, ya que pensaba que el señor iba a venir a terminar lo que quiso empezar, porque él sabía dónde vivía. Después de unos días, le pregunto a mi mamá si ella sabía de este señor y si él vivía con su madre. Para mi sorpresa, mi mamá me comentó que en esa casa solo vivían él y su hermana, y nadie más. Le expliqué a mi mamá lo sucedido, pero ella no prestó atención, y en mi mente solo quedó una pregunta: ¿quién sería aquella señora que entró en el cuarto y me salvó de un plan maligno del enemigo? Nunca podré entender cómo un adulto quisiera lastimar a un niño de esa manera, pero también aprendí que Dios es nuestro protector.

"Porque no tenemos lucha contra sangre y carne, sino contra principados, contra potestades, contra los gobernadores de las tinieblas de este siglo, contra huestes espirituales de maldad en las regiones celestes. Por tanto, tomad toda la armadura de Dios, para que podáis resistir en el día malo y, habiendo acabado todo, estar firmes."

(RVR1960, Efesios 6:12-13)

"Mas el Dios de toda gracia, que nos llamó a su gloria eterna en Jesucristo, después que hayáis padecido un poco de tiempo, él mismo os perfeccione, afirme, fortalezca y establezca. A él sea la gloria y el imperio por los siglos de los siglos. Amén"

(RVR1960, 1 Pedro 5:10–11)

La casa de Carolina

Nos mudamos en la misma área de Carolina como tres o cuatro veces. Tuvimos diferentes experiencias buenas y malas. En una de las casas, un hombre intentó meterse por una de las ventanas. Cuando mi madre lo vio corrió y buscó un cuchillo para apuñalar la mano del hombre, él la sacó y furioso se fue. Luego, mi madre comenzó a consolarnos, pero siempre pensaba cuándo volvería aquel hombre malo. Por tener miedo, siempre me la pasaba dentro de la casa. Todo lo hacia dentro de la casa: jugar, tarea de la escuela… Todo dentro, sin socializar con nadie, solo con mis hermanos, pero ellos eran muy independientes y no compartíamos mucho.

Finalmente, a mi padrastro le dieron una casa en herencia y vino a ser una bendición para nuestra familia, por lo menos eso fue lo que pensé. La casa se encontraba en las cercanías de la plaza del pueblo y, por esa razón, podíamos caminar a las tiendas y a todo lugar que necesitáramos ir. Yo caminaba para la escuela y a las casas de mis amigos que vivían cerca. Estando en esta casa nos sentíamos bien, aunque el comportamiento de mis hermanos continuaba siendo el mismo. Solos y apartados jugaban, pero a mí me gustaba estar a fuera y jugar mucho, aunque fuera solo. Comencé a buscar y conocer otros niños y a jugar con ellos. Mi mamá tenía una hermana de crianza que vivía cerca con la cual ella siempre compartía mucho tiempo y yo estaba en la calle hasta tarde porque mis padres no estaban en la casa. Esto comenzó a llevarme a tomar un rumbo no muy bueno en mi vida.

Apliqué para un trabajo de verano que ofrecía la escuela, me escogieron y comencé a trabajar ese verano. Comencé a trabajar en una escuela de mantenimiento de ocho de la mañana a cinco de la tarde y usaba la transportación pública. Mi mamá me daba $1.00 para que usara la transportación publica, pero en ocasiones me daba hambre y compraba comida con el dinero en vez de pagar la transportación para regresar para mi casa. En estas ocasiones yo entendía que tenía que irme caminando para mi casa. Una vez que eso pasó, cuando llevaba como cuatro horas y media de camino y ya cerca de Carolina, se me acercó una camioneta y me comunicó que mi padrastro lo había enviado para recogerme y llevarme a la casa. En ese momento no entendía por qué había pasado eso, pero como mencionó a mi padrastro, yo le creí.

Bueno, pues me monté y él comenzó a guiar, estaba un poco nervioso y, además, iba hacia la dirección contraria. Dentro de mi podía sentir que algo no estaba bien, el espíritu me decía: "en la primera oportunidad, sales corriendo". Comencé a mirar para todos lados, pero al mismo tiempo no podía recordar nada; era difícil estaba, muy nervioso y él había puesto el seguro de la puerta. Sentí que la guagua comenzaba a moverse de lado a lado y era que él había entrado en el monte donde nadie nos podía ver y nadie me podía ayudar. Luego de adentrarse bien en el monte detuvo la guagua y me miró. Yo no sabía que decir, pero él dijo que si yo quería hacerle sexo oral, ya tenía su miembro fuera. Me puse aún más nervioso, le dije que no quería hacer eso y comencé a tratar de abrir la puerta. Pero, para mí desgracia, seguía con seguro; cuando lo miré, él estaba bajándose los pantalones más y yo seguía intentando salir de la camioneta. Él, entonces, me dijo "está bien, cálmate, te voy a llevar a donde te encontré". Comenzó a guiar como loco hasta llegar a donde me encontró, abrí la puerta, me dijo que me saliera y tiró un dinero por la ventana, como si yo me vendiera por sexo siendo un niño de catorce años. Se fue y nunca lo vi, gracias a Dios. Siempre le daré gracias a Dios por haberme salvado de las manos del maligno.

"para que seáis irreprensibles y sencillos, hijos
de Dios sin mancha en medio de una generación
maligna y perversa, en medio de la cual resplandecéis
como luminares en el mundo;"

(RVR1960, Flp. 2:15)

Él nos escogió primero

"Bendito sea el Dios y Padre de nuestro Señor Jesucristo, que nos bendijo con toda bendición espiritual en los lugares celestiales en Cristo, según nos escogió en él antes de la fundación del mundo, para que fuésemos santos y sin mancha delante de él, en amor habiéndonos predestinado para ser adoptados hijos suyos por medio de Jesucristo, según el puro afecto de su voluntad, para alabanza de la gloria de su gracia, con la cual nos hizo aceptos en el Amado, en quien tenemos redención por su sangre, el perdón de pecados según las riquezas de su gracia, que hizo sobreabundar para con nosotros en toda sabiduría e inteligencia, dándonos a conocer el misterio de su voluntad, según su beneplácito, el cual se había propuesto en sí mismo, de reunir todas las cosas en Cristo, en la dispensación del cumplimiento de los tiempos, así las que están en los cielos, como las que están en la tierra."

(RVR 1960, Efesios 1:3–10)

Como, al fin, era joven, también quería hacer cosas divertidas con los pocos amigos que tenía cerca de donde vivía la hermana de crianza de mi mamá. Ella vivía en Jardines de Carolina y comencé a tener amigos ahí. Siempre jugábamos muchos juegos sanos y de nuestra edad. A mí siempre me gustaba ayudar y sentirme útil, aunque era muy pequeño, lo hacía con mucho responsabilidad y respeto. Los padres de mis amigos, me acuerdo, me decían "te puedes quedar hasta cuando quieras en la casa", porque me tenían mucha confianza, ya que también era el mayor de todos los niños del barrio con los que me juntaba.

Pronto, sus padres comenzaron a dejar a los niños ir conmigo al mall de Carolina para ir al cine o a las maquinitas, entre otras actividades, y por esa confianza, yo me sentía muy bien. Además, yo tenía amigos que me invitaban a quedarme en sus casas. Esto cada vez fue en aumento y, en ocasiones como yo sabía lo que iba a suceder, trataba de persuadir a mi mamá para que me dijera que no podía ir, pero a la vez, quería ir. Pero ella decía que sí, y yo siempre terminaba yendo con amigos.

Tentación, la trampa

Nosotros esperábamos que fuera tarde y nos íbamos en pantaloncillos por todos los apartamentos tocando las puertas y haciendo ruido por todos lados, nos íbamos corriendo para que no supieran quién había tocado la puerta y corríamos para el apartamento y nos metíamos en los cuartos a reírnos, como niños, al fin y al cabo. Me acuerdo de que, en ocasiones, se quedaban niñas en el otro cuarto y nosotros nos metíamos para verlas en panti. En ocasiones, también nosotros, los niños, estábamos desnudos en un cuarto. Mientras crecía, parecía algo normal que nos viéramos así, pero fue despertando el lado sexual de cada uno de nosotros, y esto trajo muchos problemas con los que no sabíamos reaccionar. Después de un tiempo, comenzamos incluso a ver películas de adultos y nuestros problemas se hicieron más grandes.

Me acuerdo de que en ocasiones tomábamos cervezas para reírnos, pero también nos hacía sentir raros, ya que no podíamos pensar correctamente. Luego todos nos íbamos a quedar en la casa de arriba de mi amigo y, aunque no cabíamos en la cama, todos nos acomodábamos y la pasábamos bien. Un día quisimos hacer lo mismo, pero solo un amigo y yo nos quedamos despiertos hasta tarde y, como estábamos tomados, comenzamos a hablar un poco de lo que estaba pasando en la película. Me levanté para ir al baño, que estaba en el pasillo cerca del cuarto donde siempre jugábamos videos juegos, y cuando pasé por ese cuarto traté de abrir la puerta, pero estaba cerrada. Es puerta nunca esa estaba cerrada, por lo que miré por encima de ella y pude ver que uno de mis amiguitos estaba acostado en la cama, desnudo y sin cubrirse. Él era un niño que tenía muchas nalgas y estaba acostado boca abajo. Lo que pude sentir en mí era una urgencia de ir a sentirlo, así que, me fui por fuera de la casa, por donde la ventana se podía abrir, y lo pude ver, pero el cuerpo me temblaba completamente, me detuve a tratar de calmarme y comencé a llorar.

Aunque los adultos no sabían lo que nos pasaba, entre nosotros sabíamos que eso estaba mal. Esto no se quedó así, ya que también comenzó a pasar lo mismo entre otros amigos. Esto sucedió hasta el punto de que sentía que ya no me conocía, que mi mente quería algo y el corazón otra cosa. Siempre me acuerdo de esa frase que los adultos solían decir, "los niños con los niños y las niñas con las niñas", sin que ellos entendieran que eso sería un gran problema en el futuro y que eso era exactamente lo que haríamos. En un futuro no muy lejano, esta conducta se hizo realidad, comenzaron los momentos en los cuales nos tocábamos y nos veíamos desnudos con mucha frecuencia, y hasta llegamos a tener sexo oral entre niños y sodomía con las niñas. Por causa de la edad que tenía cuando esto comenzó y por la falta de entendimiento y dirección de un adulto, caí en las trampas del enemigo. Estas experiencias siempre rondaron mi vida y cada vez se hacían más frecuentes.

Por otro lado, estaban los adultos y sus situaciones que ni ellos mismos entendían ni podían resolver. En muchas ocasiones los observaba en sus pleitos y, verdaderamente, muchos de los pleitos, aunque no tenían la razón de tenerlos, se basaban en la opinión de cada uno respecto a algún asunto. No buscaban resolver el malentendido, sino ver quién ganaba el argumento. Me acuerdo de que entre los niños nos comentábamos las situaciones de nuestros padres, casi siempre las negativas, y siempre buscábamos la forma de que ellos escucharan lo que querían. Por ejemplo, si hacíamos algo malo, nos acordábamos de lo que a ellos les gustaba que hiciéramos o dijéramos en dicha situación y que de esa forma no fuera muy malo el castigo. Todas estas situaciones me sirvieron para, más adelante, enfrentar dichas o similares situaciones. Comencé a tener una mentalidad más avanzada y amplia de lo que sería mi vida en un corto tiempo después de esto. Me obligaba a buscar la compresión y el entendimiento de toda situación porque sabía que en un punto de mi vida sería útil tener esa sabiduría.

Les tengo que ser bien sincero, el hombre tiende a pensar que él es el que está bien en muchas situaciones y en sus propias decisiones y que son las demás personas las que están mal. Como niño, seguía sin entender cómo, si eran adultos, muchos de los malentendidos no se podían resolver para el bien de ambos involucrados y que, al contrario, continuaban en el intercambio de palabras que en muchas de las ocasiones se convertían en insultos seguidos por ataques físicos y mucho más. Por un tiempo, meditaba en la vida de los adultos porque en un corto tiempo yo también sería un adulto y pensaba cómo sería mi vida, el miedo me arropaba y no me gustaba la idea de ser adulto o ser independiente, por lo menos en esa etapa de mi vida, ya que me faltaba mucho por aprender.

Me gustaba trabajar, pues así compraba lo que yo quisiera y económicamente estaba bien por mí mismo; bueno, según mi manera de pensar de niño. Aunque yo había comenzado a trabajar en cosas pequeñas para generar un poco de dinero, en ocasiones me iba con mi padrastro a trabajar. Él hacia rejas para casas y comercios y, cuando yo podía, me iba con él y me ganaba cinco dólares por día; claro, no es mucho, pero para mi edad, era mucho dinero.

También lavaba carros o cortaba grama; hacía lo que pudiera y, aunque muchas personas sabían que yo no podía trabajar legalmente, les gustaba la idea de verme trabajando. Entonces, comencé a hacer unos cuantos trabajos y ganar un poco de dinero. Hasta llegué a trabajar en un supermercado que se llamaba Amigo Supermercado. Este trabajo fue una aventura; yo era el que organizaba la compra y la ponía en el carrito y, cuando terminaba de empacar, llevaba las bolsas a los carros.

No sé cuántos de ustedes se acuerdan de los carritos del súper que eran de dos pisos, pero con esos trabajaba, y yo media como cuatro pies y diez pulgadas y era bien flaco. Me acuerdo de que muchas de las personas que me permitían ayudarles eran personas mayores o de edad avanzada. La mayoría de las personas que yo cordialmente ayudaba podían notar claramente muchas veces no podía con las compras, pero les gustaba mucho verme trabajar. A mí me llenaba de mucha alegría trabajar en ese supermercado por dos razones, sobre todo: una, porque me permitían trabajar, aunque tenía más o menos catorce años de edad; y la otra, me encantaba escuchar las historias que las personas me decían de la vida, de sus experiencias, estudios, etc.… De alguna forma, yo entendía que ellos querían el bien para mí, así que comencé a hacerle caso a esos consejos que con mucho amor ellos querían compartirme para que yo les prestara atención y escuchara. Al final de la jornada me daban un poco de dinero. De esa forma también trabajé en casas de personas adultas limpiando, cortando la grama, lavando el carro, cortando plantas; en fin, haciendo todo lo que yo pudiera. Luego me di cuenta de que, en esta historia, Dios me guiaría hacia los sabios, por lo menos en cuanto a sus consejos.

Un día llegué a una de esas casas en las que trabajaba y el señor me pidió que cortara la grama y, cuando terminé, me dijo que podía bañarme para que no me fuera así, lo cual yo acepté. Me fui al baño y, cuando estoy bañándome, lo escucho en la puerta. Podía ver su sombra debajo de la puerta y, en un punto, incluso trató de abrir la puerta. Comencé a hablar y le dije que ya estaba terminando, él trató nuevamente de abrir la puerta, pero no pudo y terminé. Esperé a que se fuera de enfrente de la puerta y salí corriendo, cuando llamó mi nombre y me dio el dinero. Tomé el dinero y nunca más volví a esa casa. Yo, en ese punto de mi vida, lo que quería era entender todo lo que estaba pasando en todas las casas, matrimonios divorciándose por cosas sin sentido, y también comencé a notar qué pasaba en el área del sexo. Cuando oíamos a los adultos comentar acerca de este tema, siempre lo decían de una forma en la que él o ella se vieran bien enfrente de otros, pero, al final del día, realmente lo que decían no era lo que hacían.

Siempre se oían personas peleando en esa calle donde yo me pasaba tanto tiempo en mi niñez. Me acuerdo de que, en muchas ocasiones, me quedé a dormir en la casa de la señora que se crio con mi mamá, incluso, me quedé a vivir un tiempo con ella. Una vez, dormía en el sofá de la sala y se oyó un ruido como de un disparo de pistola. Enseguida caí en mis rodillas y estaba muy asustado, cuando escuché voces que venían de afuera. Era una de las hijas de la señora y su novio. El novio tenía un arma en la mano y estaba muy furioso, caminaba de un extremo del balcón al otro sin parar y, nervioso, decía que él no les tenía miedo. La hija de la señora le preguntaba que a quién, y él no decía; era como si estuviera confundido y no supiera lo que decía. Después de como una hora, se calmaron y se fueron a dormir. Cuando también yo decidí volver a tratar de dormir, los escuché hablando acerca de la situación de hace un momento y él le explicó que era se trataba de drogas ilegales.

En otra de esas noches que me quedé en esa casa, me acuerdo de que eran como las nueve y media de la noche y la hija de la señora calentó comida para que su novio comiera cuando, de pronto, se escuchó una gran discusión y los gritos del novio llegaron hasta afuera de la cocina. Cuando miré a la cocina, él tenía el arma apuntándole a ella. Yo pensaba que esta era otra más de sus peleas, pero el novio se enoja mucho, con la pistola, comenzó a gritarle en la cara. Él continuamente repetía que se atreviera a botar la comida, ya que la hija de la señora lo estaba amenazando con no darle la comida y botarla. A ninguno de los dos le importó que yo estuviera ahí, observando todo. Yo veía como simplemente se insultaban el uno al otro y, al finar de la pelea, hicieron lo que siempre hacían: lo que el novio dijera.

Estas situaciones fueron haciéndose más frecuentes, porque la señora tenía dos hijas mayores que yo viviendo en la casa y ellas tenían novios que eran adictos a las drogas. En un punto, el novio de la otra me estaba robando la ropa para comprar drogas; cuando compraba alguna ropa, le dejaba en ocasiones la etiqueta de compra y las ponía en el closet, pero se la llevaba para venderla. En una ocasión se me desaparece otra camisa nueva y, esa vez, fui a reclamarle a la hija de la señora, me acuerdo de que estaba muy enojado por lo que sucedió. Fui a la sala donde estaba la hija de la señora, que estaba pintando la pared, y le comenté acerca del incidente. Ella me contestó que yo no podía saber con exactitud quién se robó la ropa. Esa contestación despertó en mí un fuerte enojo, y le dije que le iba a decir a su padre lo que sucedía en la casa porque, aunque el padre no vivía en la casa en esos momentos, él debía saber lo que sus reinas hacían. En ese momento, ella me grita y me lanza la cubeta de pintura casi vacía, y se me lanza encima para agredirme físicamente. Cuando se me acercó, no me pude contener y la arañé en la cara, y le dejé heridas con sangre en el rostro. Después de unos tres minutos, me di cuenta de lo que había hecho y fui a su cuarto a disculparme, puse mi mano en la entrada de la puerta del cuarto para evitar que ella se fuera y no escuchara mis disculpas, pero me dijo que no quería escuchar nada, pasó por debajo de mi mano y se fue. Por lo menos en ese momento quedé satisfecho de que fui a pedirle perdón, pero también entendía que yo estaba en lo correcto. Ella no terminó ahí, salió de la casa gritando y diciendo que yo lo que hacía era estar de vago sin hacer nada de trabajo, a pesar de que recién había comenzado a trabajar en un supermercado llamado Pueblo Extra. Pero ella no lo sabía porque nunca hablaba conmigo.

Continuó con sus gritos y continúo diciendo, también, que me fuera de su casa. Esa situación duró hasta que la señora de la casa, o sea la mamá de ella, llegó del trabajo. En ese momento, yo me encontraba afuera en la calle hablando, pero cuando la vi llegar fui de inmediato a la casa, porque sabía que su hija le contaría la historia a su manera. Cuando llegué, efectivamente, ella le estaba contando y, entonces, esperé que terminara de hablar. Le comencé a explicar lo sucedido y, como la mamá me estaba prestando atención, ella se enojó y continuó gritando con la idea de votarme de la casa.

Me volteé a mirar a la mamá para ver qué decía, pero la señora se quedó muda y no dijo nada.

Me fui inmediatamente y hablé con la señora de la casa del frente con quien en ese momento tenía una bonita amistad y ella me prestó su caro. Tomé toda mi ropa (bueno, la que me quedaba) y la puse en el carro. Regresé dentro de la casa, fui a donde estaba la mamá y le comuniqué que perdería su casa por culpa de sus hijas. La señora se quedó llorando y solamente observó mi salida.

Incidente de pelea con los otros niños y la pistola

En esa calle en la que yo pasaba mi tiempo, en muchas ocasiones había peleas y discusiones entre los mismos vecinos. Me acuerdo de que, en una ocasión, una de las vecinas, la mamá de tres de mis amigos, discutió con la vecina de enfrente. Un día fui a visitar a una de ellas y la otra vecina llamó después para algo, pero, al día siguiente, me entero de que ellas ya no me hablaban. Fui y le pregunté a la del frente por qué estaba enojada y me comunica que la vecina le había dicho que yo estaba hablando mal de ella, cuando yo ni sabía la razón por la cual ellas no se hablaban. El problema continuó en aumento hasta que tuve que pelear con mis tres amigos y mi amistad termina con ellos. Yo tenía mucha rabia de venganza y me acordé de que uno de los novios de las hijas de la hermana de crianza de mi madre me había dicho un tiempo atrás que, si tenía algún problema, le dejara saber. Pues, para mí, esa era la oportunidad. Medité cómo hacerlo con una pistola, que yo sabía en qué lado de la cama dormía ella y que las paredes eran de madera. Reflexioné y me di cuenta de que el único perjudicado iba hacer yo. Después de un rato, decidí no hacerlo y, aunque en ese momento no supe cómo actuar, entendía que lo que estaba pensando era algo grave. Sentía cómo mi cuerpo temblaba descontroladamente, sentí una urgencia de no hacerlo y me fui de la casa prontamente, mientras pude.

Adulto

Trampa de lo malo, matar o asesinar

"No matarás."

(RVR 1960, Éxodo 20:13)

Me fui en el carro para la casa de la mamá de mi padrastro, la cual vivía sola en la casa que mi padrastro heredó. Ya en esta etapa de mi vida, habían pasado unos cuantos años desde que me fui a vivir a la casa de la hermana de crianza de mi mamá, y mi mamá se había ido a vivir a otra urbanización con mis dos hermanos. Yo estaba viviendo con la hermana porque, de esa forma, me quedaba más cerca el trabajo y estudiaba en esa área. Llegué a la casa de la mamá de mi padrastro y le pedí y le rogué que se quedara con mi ropa mientras yo trabajaba en la calle.

Ella reflexionó en lo que le dije, pero ella me explicó que también estaba cuidando a mi padrastro, quien había sufrido un derrame cerebral y había quedado en cama. De esta forma, ella me respondió que me podía quedar con ella un tiempo solamente. Le di las gracias y me fui nuevamente, para devolver el carro a la vecina. Regresé a la casa y la mamá de mi padrastro había cocinado para que pudiera comer algo, pero yo no estaba acostumbrado a comer tanto o comer tres comidas al día. Le expliqué a la señora que no tenía que molestarse en cocinar todos los días porque yo comería en la calle, pero no hizo caso y comenzó a cocinarme todos los días. Había ocasiones en las que yo ya había comido y ella se enojaba si yo no comía porque ella había cocinado para muchos. Esta situación continúo incrementando hasta que terminó botándome de la casa también.

En el proceso de irme de esta casa y dejar el trabajo, mi mamá envió una de las hijas de la señora a decirme que ella quería vivir conmigo, que estaban bien porque mi hermano tenía un trabajó que había tenido por cinco años y que la única condición era que yo pagara la mitad de la renta y mi hermano la otra mitad. No mencionó a mi hermana en todo esto.

Yo, en ese momento, no sabía qué contestar y me fui a la calle para pensarlo, entendía que estaba contra la espada y la pared. Lo pensé como por un mes y mi madre volvió a mandar a otra persona para decirme nuevamente que me fuera a vivir con ella y acepté.

La casa de Alturas De Parque Ecuestre

La casa de mi madre estaba bastante retirada de mi trabajo y de todo lo que yo estaba haciendo en ese momento en mi vida, contaba con tres recamaras y un solo baño. El cuarto que me tocaba estaba enfrente del de mi madre y, debido a esto, no me gustaba hacer ruido para no molestarla y despertarla. El trato había sido que mi hermano pagaría la mitad de la renta y yo la otra mitad, pero, luego de un corto tiempo, mi hermano dejó de trabajar.

Entonces, para yo pagar la renta, tuve que buscar dos trabajos además de los dos que ya tenía. Esto tuve que hacerlo por un largo periodo de tiempo, y me acuerdo de que siempre le preguntaba a mi hermano cuándo se conseguiría un trabajo. Le continué preguntando a mi hermano por un trabajo, hasta que un día me contesta que no se va a conseguir ningún trabajo. Esto me llevó a pensar que ninguno de mis familiares tan siquiera me apreciaba lo suficiente. Mi madre nunca me preguntaba si yo estaba bien, si no había enfrentado algún problema en la calle o por lo menos si de salud me encontraba bien.

En una ocasión, mientras estaba en la calle trabajando, me enfermé de dengue hemorrágico, pero para mi suerte tenía que continuar trabajando para poder pagar la casa en donde vivíamos. Yo entendía que, como había acordado vivir con ellos, tenía la responsabilidad de cumplir mi palabra. Esta situación llegó hasta el punto de que tuve que quedarme en la calle e ir los días ocho a darle el dinero a mi mamá, pero mi madre nunca me preguntaba si estaba bien o no. Su única pregunta usual era si tenía el dinero para pagar la renta, y si no, ella comenzaba a llorar en su sillón.

Esto poco a poco fue dañando mi carácter y me sentía cada vez más cansado por el exceso de trabajo. Los vecinos no me veían por periodos de tiempo y cuando me veían me preguntaban si todo estaba bien. Y, siempre, mi contestación fue que estaba bien, aunque no lo estaba. Ellos siempre trataban de animarme y, bueno, yo hasta cierto punto pensaba que las cosas iban a cambiar, pero ese no fue el caso.

Una noche, como a las cuatro de la mañana, me levanté para trabajar y observé que mi hermano estaba en la casa y que tenía dos automóviles. No le presté atención y tomé un autobús, como siempre frecuentaba en esos años. Le llamábamos la pisa y corre. Era una van de pasajeros que normalmente tenía un escrito en la parte superior de la ventana de enfrente del vehículo que indicaba de dónde venía y a dónde iba. Luego de mi trabajo en un lugar de hamburguesas, tenía que tomar dos autobuses más para llegar a mi segundo trabajo. Este trabajo era en uno de los centros de tiendas más grande que tenía la isla en esos tiempos, y trabajaba en el teatro en el tercer piso del centro. Trabajaba como portero recolectando las taquillas en las respectivas salas del teatro y, a su vez, también patrullaba las salas con la linterna para velar que todo estuviera bien, ya que en los teatros suceden cosas que uno ni se imagina y por eso dábamos la vuelta de seguridad.

Pero, lo que todavía no les había mencionado es que en este día en particular todo el día estuvo lloviendo y yo me estuve mojando. Terminé un poco después de la medianoche y cuando pude me regresé a la casa; era uno de esos días en los cuales podía ir a la casa y no tenía que irme directo para el siguiente trabajo. Recuerdo que eran como eso de las tres de la madrugada cuando llegué y noté que los carros de mi hermano estaban en la casa mientras ellos estaban durmiendo. No podía creer que ni tan siquiera me llamaban para ofrecerme llevarme de regreso a la casa.

Era una situación que ya me estaba causando dolor y confusión. Esta situación también la comenzaron a notar amigos y vecinos, que yo estaba trabajando demasiado, y ellos continuamente me aconsejaban que me fuera solo para que no sufriera más. Yo había comenzado a meditar cuáles eran mis opciones en la vida y, en realidad, no eran muchas. Comencé a enfocarme en mí, en qué era lo que yo quería en la vida, y, aun así, pensaba que solo sería por un tiempo lo de mi hermano, pero su momento de cambiar nunca llegó. El momento de tomar la decisión en serio sí llegó, y comencé a pensar y a planear lo que iba hacer.

La realidad era que a mí no me gustaba la vida y las cosas que me sucedieron en la Isla y, para mi bendición, un vecino de enfrente me invitó a su casa un día que yo tuve libre cuando yo ya había decidido irme a alguna otra parte, donde no estuviera mi familia. El vecino, en esta visita, también me dejó saber su inquietud acerca de mi situación con mi familia, y me propone que nos mudemos a la Florida porque su mamá se iba a mudar para allá y él quería irse con su mamá, aunque estaba casado y con tres hijos, pero quería estar donde estuviera su madre.

Lo escuché y le pregunté cómo lo íbamos a hacer, y él me comunicó que él se iba pronto, pero que le dejara saber cuando yo estuviera listo y él me echaría una mano. Yo respondí "inmediatamente", y él se rio y me dijo que estaba bien. Pero, en ese momento de mi vida, yo estaba envuelto en unas prácticas de baile para un espectáculo llamado "Juventud vibra", tenía cuatro trabajos y tres escuelas, por lo que se me hacía difícil irme inmediatamente, además de que, hasta cierto punto, yo quería ser responsable y comunicarle a mi familia que me iba. Entonces, después de haberlo pensado en ese momento, le dije que estaría un corto tiempo más en la isla y luego le llamaría para irme. El vecino estuvo de acuerdo y se fue con su madre para la Florida.

Después de esto, hablé con mi hermana para que ella fuera la persona que hiciera todas las renuncias de los trabajos; fueron unas experiencias tan malas que no quería ir en persona a renunciar. En ese momento ya había resuelto lo de los trabajos y las escuelas, pero todavía tenía otras obligaciones que tenía que cumplir en el área artística. Aparte del espectáculo de talentos, había conocido a una muchacha durante las prácticas para el espectáculo, que en ese momento eramos pareja, ya que comenzamos a salir para conocernos un poco más. Pero, a medida en que se acercaba el día para el espectáculo, también se acercaba el día de mi despedida de la Isla. Comencé a dejarle saber a ella que mis planes eran definitivos y, aunque ella hizo todo lo posible por enamorarme, yo continué fiel a mis planes de irme.

"cuando ustedes digan 'sí', que sea realmente sí; y, cuando digan 'no', que sea no. Cualquier cosa de más, proviene del maligno."

(NVI, Mateo 5:37)

Esta muchacha tenía su propio apartamento y carro privado que su padre le pagaba. Me contaba que su padre trabajaba para una compañía de dulces famosos y hacía venta de estos dulces en el mundo entero y se pasaba viajando siempre. Ella, por su parte, estudiaba solamente y pasaba tiempo conmigo cuando podía, porque, cuando ella no tenía nada que hacer, iba y me visitaba en cualquiera de mis trabajos. Aunque no en todas las ocasiones podíamos hablar, ella decía que con solo verme se sentía contenta, y con eso bastaba. Esta fue una situación u oportunidad que, a mi parecer, llegó tarde a mi vida.

Siempre, en mi vida, le prestaba atención a todo lo que pudiera para evitar situaciones o problemas y, así, poder tener mejor calidad de vida. Por lo tanto, esta relación siguió hasta que llegó el tiempo del espectáculo. Los dos estábamos tan contentos por lo que íbamos a lograr en el espectáculo que no habíamos tenido el tiempo de procesar que también sería el final de mi vida en Puerto Rico. Luego del espectáculo, hablamos, y nuevamente le expliqué que me iría, y ella me dijo que estaba bien y que confiáramos, porque el tiempo nos diría quien estaba en el sitio equivocado.

Cuando llegó el último día antes de irme, llegué con mi novia a mi casa y le comuniqué a mi mamá que al día siguiente me iría para la Florida. Mi mamá solo me miró y no comentó nada al respecto, ni mucho menos que era la primera y única vez que traje a una novia a la casa, y más aún para quedarse. Continuamos para mi cuarto y nos pasamos toda la noche hablando qué sería de nosotros. Recuerdo que nos pasamos la noche llorando y abrazándonos, hasta que llegó la madrugada del 12 de junio del 1996. Me levanté y miré a mi novia, que ya estaba despierta y se encontraba muy triste.

Como pude, me levanté y salí de mi cuarto, y pude notar que mi madre ya estaba en su sillón usual, esperándome. Terminé de recoger el cuarto, salí con mi novia, le entregué una alcancía con un poco de dinero a mi madre y le dije que podía hacer lo que quisiera con ese dinero y, que yo me iba. Le entregué el dinero en las manos y le dije que estaba en camino al aeropuerto. Mi mamá no contestó nada, sino que comenzó a llorar. Yo, por otro lado, quería tomar una muy buena foto imaginaria de ella, porque yo sabía que nunca más volvería a Puerto Rico.

Nos despedimos y nos fuimos en el carro de mi novia para el Aeropuerto Internacional de San Juan, Puerto Rico. Cuando llegamos al aeropuerto, me acuerdo de que estábamos muy tristes, pero también me acuerdo de que ella estaba tratando de ser fuerte porque yo estaba destruido. Nos despedimos y ella volvió a decirme: "No te preocupes, el tiempo dirá quién está en el lugar equivocado". Una frase de expresión de fe y esperanza, que provenía de la única persona a la cual yo le importaba, por lo menos en ese momento de mi vida.

Para ser honesto no creo que hubiera tomado esta decisión en mi vida si no hubiera sido por las circunstancias en las que me encontraba. Eran muchas emociones las que sentía, pero por alguna razón confiaba en JESÚS y que él me daría una mejor vida que la que tenía. Me encontraba con el corazón queriendo algo y la mente otra. La mente la tenía ocupada pensando en qué sería de mí y dónde terminaría yo confiando en una persona que solo era mi vecino y con la cual no había compartido mucho.

Mi novia comenzó a caminar hacia el vehículo y por mi cabeza solo pasaban pensamientos de preocupación y de incertidumbre. Tuve que ser fuerte y enfrentar esta nueva etapa en mi vida. Con esta decisión, yo entendía que estaba dejando todo lo que conocía; desde lugares, hasta personas, y que enfrentaría una vida llena de nuevos retos y exigencias. En esta salida, no estaba tan solo dejando las únicas personas que me conocían, que eran mi familia, mi mamá, mis hermanos y algunos vecinos, sino todo lo que en algún momento comprendía y entendía de la vida. Todo, en un instante, cambió.

Esta era la decisión más grande que había tomado en mi corta vida. Las fuerzas ya se me habían terminado, no tenía a dónde ir con seguridad de que me iría bien y de que pudiera tener un futuro seguro. Me encontraba sin respuestas, pero arriesgando todo lo que tenía con la esperanza de una vida mejor.

¡La decisión más grande de mi vida!

"Por esto dejará el hombre padre y a su madre, y se unirá a su mujer, y los dos serán una sola carne."

(RVR1995, Mateo 19:5)

No me acuerdo de cómo llegué hasta adentro del avión, pero me acuerdo de un momento muy importante: justo en el momento antes de tomar vuelo, todo me pareció, de repente, verdad, no solo en mi mente, sino en mi vida real. Cuando el avión finalmente despegó, logré ver, por primera vez, la Isla desde el cielo, y comencé a llorar. Las lágrimas bajaban por mis mejillas mientras yo trataba de que nadie se diera cuenta de lo que me sucedía. Eran tantos los pensamientos que no podía controlar mi mente y comencé a llorar descontroladamente, y solo me cubrí el rostro.

Luego de unas cuantas horas de viaje, finalmente llego a la Florida el 6 de junio del 1996. Bajar del avión fue una experiencia única, ya que todos los anuncios y mensajes eran en un idioma diferente. Aunque cuando era un niño recuerdo que en la escuela aprendíamos un poco de inglés, no fue suficiente como para poderme comunicar con las personas en Estados Unidos. Cuando llegó el momento de desembarcar el avión, miré alrededor para ver si veía a alguien que hablara español, sin tener suerte, así que comencé a seguir a unas personas que no hablaban español, pero venían en el mismo vuelo. Finalmente, llegué, como pude, a donde estaban las maletas, recogí las mías y salí del aeropuerto a donde recogen a las personas. Estuve esperando un periodo largo de tiempo en lo que el vecino venía a recogerme el vecino. Me acuerdo de que, cuando llegó el automóvil, estaba lleno de toda su familia y casi no pudimos encontrar espacio para las maletas. También lo noté un poco extraño en el saludo, era como si él nunca se hubiera imaginado que yo haría lo que le dije. El ambiente se sentía bien pesado en el carro y en el viaje, pero, aun así, decidieron ir a comer en un restaurante llamado Boston Marquet. Ellos estaban en la fila para comprar mientras yo miraba el menú y no lo podía entender. Terminaron de ordenar y se fueron a la mesa sin preguntarme si quería algo o ayudarme a ordenar. Me cansé de esperar y me fui al baño mientras comían. Salí del baño y me senté con ellos a la mesa y, después de un rato, me preguntaron si no quería nada de comer. Yo los miré a ambos, pero entendí que yo no estaba en esta nación por ellos ni para ellos y que, a pesar de lo que yo estaba pasando, tenía que ser fuerte para salir adelante.

Finalmente, llegamos al apartamento y me tocó dormir en el sofá junto con su hijo de diez años. Me acuerdo de que su hijo me contaba cómo su papá era con las niñas, pero no con él, refiriéndose al trato y al cariño. Una noche, cuando estaba hablando con él, terminamos los dos llorando a causa de la situación que estábamos pasando y nos consolábamos el uno al otro. Después de una semana de estar viviendo con el vecino y su familia, en una noche que salía de bañarme, Antonio, el vecino, me estaba esperando fuera del baño para preguntarme si había encontrado lugar para mudarme. Le comenté que no había conseguido y, entonces, él comenzó a buscar periódicos y *magazines* de apartamentos para que yo me mudara y me fuera de su casa.

En ese momento, yo ya me encontraba en los trámites de trabajo para comenzar a trabajar en Walt Disney World y estaba pasando por lo que ellos llaman Clases de tradición. Estas clases son para terminar con los papeles y trámites finales para el comienzo del empleo. Empezando mi segunda semana, ya me habían entregado el nombre para los uniformes y estaba visitando las áreas en las cuales iba a trabajar. Me encontraba, en esa ocasión, en un día libre después del entrenamiento y me estaba bañando. Lloraba poque tenía el problema de cómo llegar al trabajo, ya que me tomaba cuatro autobuses, lo que tomaba un período de tres horas. Mientras meditaba en eso, lloraba, porque estaba completamente solo en una nación con otro idioma y sin tener ninguna clase de familiares o amistades, simplemente era yo contra el mundo, y el vecino estaba firme en su decisión de que me fuera de su casa. Hablamos para que, el por lo menos, se calmara y me diera unos días para hablar con alguien respecto a mudarme.

Comencé a trabajar en Magic Kingdom en los días de entrenamiento y preguntaba a ver si alguien sabía de una persona que rentara un dormitorio o apartamento. No habiendo encontrado nada después de unos días, estaba en el apartamento y el vecino, nuevamente, vino para preguntarme si ya había conseguido a dónde mudarme, pero yo estaba muy enojado porque estaba haciendo lo que podía. Comencé a decirle muchas cosas que él estaba haciendo mal y que por eso tenía tantos problemas, pero él no quiso escucharme. Discutimos, y yo le dije aún más cosas que estaban haciendo mal él y su esposa, quienes no podían defenderse contra mis declaraciones porque sabían que eran ciertas. Al final, cansado de escuchar lo mismo, le pedí que me llevara a un motel u hotel cerca de Disney desde el cual yo pudiera tomar una transportación más rápida o caminar al trabajo.

Me llevó a un motel en la calle 192 en Kissimmee, Florida, en el cual estuve un periodo de como una semana. Comencé a enfermarme y a caer en una depresión en la cual traté de quitarme la vida en dos ocasiones, sin éxito. Lo que comía eran las sobras de las personas en el restaurante del parque, en el que trabajaba lavando los platos. Llegué a enfermarme de la garganta al punto que casi no podía hablar y me acuerdo de que Antonio llamó y, casi no podía hablar con él, pensó que tenía que ir a verme. Habló conmigo en el teléfono y me pidió que por favor le permitiera mudarme del motel a donde fuera. Medité en lo que él me dijo y acepté que me ayudara en eso.

Llegó un día después y me ayudó a mudarme y le pedí que me permitiera compartir con su hijo una vez más y aceptó. Compartí con el hijo y le comenté que él podía contar conmigo y que yo lo apreciaba mucho. Estuve en el hotel por unas cuantas semanas, e igual que en el motel, terminaron botándome del cuarto por dinero. Me cansé y hablé con el chef en el restaurante que trabajaba en Magic Kingdom y él comenzó a preguntar a los empleados acerca de alguien que tuviera un espacio o mueble en el cual yo pudiera quedarme hasta que pudiera encontrar donde vivir.

Para mi sorpresa, el coordinador del departamento de lava platos era puertorriqueño y tenía un sofá donde yo podía quedarme. Así lo hicimos, estuve con él y un compañero de cuarto como por una semana y luego también comenzaron a preguntarme cuándo me iría. En un día libre, fui a la oficina del complejo de casas movibles y hablé con una señora de Nueva Jersey que era la vendedora. Le expliqué todo lo que estaba pasando y que el dinero que había traído de Puerto Rico eran mil dólares y era lo único que tenía. Hablamos y acordamos en un día para ir y ver las casas móviles que tenían disponibles en el momento. Tenían una que me gustó mucho, era de 1985, tenía tres cuartos y dos baños, londri y estaba bien cómodo. Ella me dijo que le hablaría al dueño acerca de esta situación mía.

Aceptaron el dinero y comenzaron los trámites, y me regresé a la casa del coordinador por unos días más en lo que se tramitaban los papeles de la compra de la casa. Estuve esperando por un periodo de una semana y el dueño de la compañía me comunicó que no cualifiqué para la casa y que había perdido el dinero del depósito. Fui a la oficina para hablar con él, pero como la mujer de Nueva Jersey fue la vendedora, tenía que hablar con ella. Cuando le expliqué lo que él me había dicho, ella se molestó mucho, entró en la oficina del dueño y comenzaron a discutir. Yo estaba impaciente afuera de la oficina, esperando, cuando ella me llamó para que entrara a la oficina y le explicara al dueño mi situación.

Entré con mucho miedo, ya que tenía solo veinticuatro años de edad, pero, junto con la vendedora, hice valer mis derechos y terminó aceptando lo que le propusimos. Ella me dijo que iba a estar pendiente de todo y me dejaría saber si algo más sucedía o si necesitaban algo de mí, y yo comencé a confiar en esta señora por todo lo que estaba haciendo por mí. Me acuerdo de que comenzó a visitar la casa donde yo me estaba quedando, vino con su esposo y sus hijos y me comentaba que le dolía mucho lo que el jefe me quería hacer, que era quedarse con el dinero de mi depósito. Ella decía que, aunque la despidieran, continuaría peleando por mí ante esta compañía hasta que me devolvieran el dinero o me dieran la casa. No sabía por qué hacía todo esto, pero entendí que honestamente quería ayudarme, terminé conociendo toda la familia: tres niños, dos niñas y su esposo, quien también quería ayudarme.

Tomó como un periodo de tres a cuatro semanas, pero finalmente decidieron darme la casa. La vendedora me llamó bien contenta por la aprobación del préstamo y porque finalmente obtendría mi casa. Me acuerdo de que estaba en el trabajo y me puse muy contento. Esperé con ansías el próximo día que estuviese libre para finalizar los papeles de la compra y así mudarme. No lo podía creer, por fin una luz y una puerta se abría a mi favor. Estaba tan agradecido con Dios por esta oportunidad que se me presentaba y entendía también la responsabilidad de cuidar la casa y protegerla. Parecía un niño pequeño con un juguete en Navidad, sentía que por fin algo bueno me estaba pasando. Cuando llegó el día que estaba libre fui muy contento a la oficina a hacer los últimos pagos y papeles finales. Gracias a Dios le doy por tan hermosa bendición. Finalmente, llegó el día en el que me darían las llaves de la casa, no lo podía creer. Así, llegué a la casa después de terminar todos los trámites de la compra.

Me acuerdo de que comencé a limpiar, a cantar, a alabar a Dios; quiera hacer muchas cosas en ese momento, pues estaba sobrecargado de mucha emoción. Podía ver un futuro un poco más claro. Aunque estaba pasando por situaciones muy difíciles en la vida, esta era una muy buena etapa. Limpié toda la casa y, cuando terminé, pude entender lo que estaba pasando y lo que había hecho con la compra de la casa, era como si no me hubiera dado cuenta de lo que hacía. Recuerdo que salí corriendo de la casa en un momento dado y era tanta la alegría que no me percaté de que no solo había salido corriendo y sin zapatos, sino que también crucé una calle la 192, o Vine Street, que es muy transitada, sin mirar hacia ambos lados antes de cruzar. Entre en una tienda y comencé a mirar los artículos desde otra perspectiva.

Todo era muy raro, en el sentido de que, simplemente, no me sentía perdido, pero la verdad era que estaba viviendo una bendición especial de parte del Señor.

"A él sea la gloria por los siglos. Amén."

(RVR160, Romanos 11:36)

Luego de un tiempo, me di cuenta de que estaba sin zapatos en una tienda y que había dejado la casa abierta. Me regresé y continué con la limpieza.

Algunos empleados, incluyendo al chef del restaurante, me regalaron muebles. Así, al fin pude tener mi casa y todo, hasta ese momento, estaba bien. Continué trabajando e, incluso, como a los tres meses comencé a estudiar inglés, aunque trabajaba el turno de cierre del restaurante, pero comencé a aprender a comunicarme en inglés.

Visita de mi exnovia de Puerto Rico

Una noche me encontraba en el restaurante trabajando y me enviaron de almuerzo por un periodo de una hora. Como tres horas después de haber regresado de almuerzo, uno de los meseros me dice que en el restaurante había una muchacha de Puerto Rico buscándome y que había estado en la entrada aun después de haber cerrado. Cuando el mesero terminó de hablar, salí corriendo a buscar a la muchacha que estaba afuera, pero cuando salí, ya no se encontraba allí. Comencé a llorar desconsoladamente y me senté donde probablemente ella estuvo por muchas horas esperando mi regreso, que nunca llegó.

Regreso a trabajar, pero desbastado por lo que había sucedido. No solo era que fue mi novia, sino que era la única persona que sabía de mí y que yo conocía en esta nación, aunque ella venía de Puerto Rico. Fue una tristeza inmensa la que sentí por no haber podido hablar con ella.

Fue una noche devastadora, hasta la mañana. Cuando me estaba preparando el desayuno, me entró una llamada en un celular prepagado que tenía y, para mi sorpresa, era mi exnovia llamándome desde el hotel en el que ella se estaba quedando con su papá. Me estuvo contando cómo ella le suplicó a su papá que la llevara a Disney, ellos residiendo en Puerto Rico, un sacrificio muy grande que hizo para llegar donde yo estaba, solo para encontrar que nunca sería posible que ella y yo estuviéramos juntos para siempre.

Estuvimos hablando como por dos horas y llorando en toda la llamada, si es que eso se pudiera llamar "llamada". Ella continuaba llamando mi nombre y no había palabras que pudieran expresar el dolor que estaba sintiendo en ese momento, pero luego de un tiempo corto, comenzamos a hablar y a expresar nuestros sentimientos y planes. En ese momento, tomamos la decisión de tomar caminos opuestos y, entre cortantes palabras, nos despedimos el uno del otro, y esa fue la última vez que escuché de ella. Siempre le desearé lo mejor en la vida, que Dios la bendiga siempre.

Continué trabajando el restaurante y estudiando inglés hasta que pudiera ser capaz de mantener una conversación con las personas. Comencé a trabajar en los otros parques como tiempo extra, ya que cobraba $5.35 la hora. Así comencé a compartir tiempo con muchas personas americanas que honestamente me querían ayudar en el trabajo, y otras varias que no. Cuando tenía casi un año, ya estaba bastante avanzado en el idioma y me defendía muy bien. También el chef estaba notando el cambio y me quiso poner a trabajar por la mañana en vez de cerrar el restaurante.

Después de unas semanas, me sentí en la comodidad de dejarle saber al chef que necesitaba salir media hora más temprano los martes y jueves, pero el chef, para mi sorpresa, se negó a ayudarme; al contrario, me dijo que, si hacía eso, tenía que regresar a al turno de por la noche y a cerrar, lo cual yo no quería hacer. Le supliqué, le dije que era solo la última media hora, pero él me dijo que no, que tenía que cerrar, porque las clases de inglés no eran más importantes que el restaurante. Me acuerdo de que lo miré a los ojos y, con mi inglés, le comuniqué que estaba bien, que me pusiera a cerrar, y lo hizo casi inmediatamente. Después de todo lo que lo había ayudado en el restaurante, me entristecí un poco, ya que era una de las personas que más ayuda me dio y por eso me sentí en la libertad de expresar mis planes, los cuales no fueron bien aceptados y pronto su carácter cambió conmigo para mal.

Comencé a trabajar por las noches y a estudiar con más ganas, sin saber que Dios estaba, también, trabajando en sus planes de mi vida. Comencé a estudiar con diligencia y comencé a aprender mucho. Visité lo que se conoce como el edificio de empleados de Walt Disney World o, en inglés, el Casting Building, y pregunté por algún otro trabajo que yo pudiera hacer. Yo pensaba en algún trabajo de conserje y pregunté por esa posición sabiendo que, a lo mejor, tendría que estudiar un poco más. Oré mucho a Dios y apliqué para esa posición.

El empleado me dirigió a una computadora, hice los papeleos necesarios y, finalmente, sentí que había tomado un gran paso a mi favor y sentía mucha paz, aunque me moría por dentro. Terminé y me fui caminando a mi casa muy contento. El regreso me tomó, aproximadamente, siete horas de camino, pero yo estaba muy contento por lo que había hecho. Luego de haber llegado finalmente a la casa estaba muerto de cansancio, pero, por lo menos, estaba libre al otro día. Regresé a mi trabajo del restaurante, pero con una nueva mentalidad, sabiendo que, posiblemente, me llamarían y podría irme de ese restaurante, que era un estilo bufet y contaba con más de 2,000 personas en el desayuno, almuerzo y comida y, por lo tanto, limpiábamos aproximadamente 30,000 platos, más todo lo demás. Era un trabajo muy duro y sacrificado. Encima de todo, por causa de mi situación, me veía en la necesidad de comer las sobras que venían en algún plato, siempre sin que nadie me viera, o podía estar en problemas. Solo me daban $3.75 para almuerzo, y eso no me daba. Continué comiendo de esa forma por un tiempo y pude sobrevivir, aunque lo quemaba cuando tenía que caminar o usar una bicicleta de niño que me prestaron. Sin embargo, la bicicleta era muy pequeña, por lo que no podía usarla en el viaje de cuarenta y cinco millas de distancia y, dado que rara era la ocasión en la que me ofrecían llevarme a la casa, generalmente me iba caminando para el trabajo. Pasó un periodo de dos meses antes de que me llamaran para darme la transferencia de trabajo y empezar a trabajar más cerca a la casa, aunque era lejos de todos modos. No obstante, el pensar que jamás volvería a estar lavando un plato era un sentimiento indescriptible, porque era un trabajo muy duro y sacrificado.

Después de esta llamada yo me encontraba muy feliz, no lo podía creer. Me sentía como si me hubiera ganado la lotería y, para mi suerte, estaba libre cuando me enteré de la noticia. Comencé a limpiar y fui a las tiendas para comprar cosas para la casa y también comida. Me acuerdo de que fui a Walmart caminando, así que no pude comprar mucho, pero compré un poco de leche, cereal, y muchas sopas chinas, ya que no sabía cocinar.

Estaba en una etapa de mi vida que estaba siendo guiada y ordenada por Dios. Cuando yo planeaba algo, todo salía no como yo quería, sino mejor. Siempre tuve temor de El Señor, desde muy temprana edad, como desde los ocho años. Cuando regresé a la casa me puse a cocinar las sopas chinas con pan. Realmente no tenía mucho dinero para comprar comida, entre otras cosas. Me bañé y esperaba, con muchas ansias, regresar a trabajar al restaurante porque ya sabía que no tendría que volver por mucho tiempo.

Tanto a los empleados como a los jefes, no les importaba cómo te sintieras, tenías que trabajar y ellos no te ayudaban. Me acuerdo, incluso, de que, en ocasiones, los empleados discutían por la cantidad de trabajo que teníamos que realizar. Solamente el pensar que ya no estaría trabajando en el restaurante me hacía muy feliz. En ocasiones, no podía aguantar las ganas de simplemente decirles que no me importa lo que pasaba porque ya me había transferido a otro trabajo. Pero, después, pensé mejor y no lo compartí porque no quería meterme en un problema y que no me dejaran transferirme de empleo.

Trabajé el poco tiempo que me quedaba y, cuando se acercó el día efectivo de mi transferencia, el chef vino a mi lugar de trabajo y comenzó a preguntarme si no sabía de una transferencia de trabajo, y yo me detuve a pensar qué le iba a responder a el chef. De momento, pensé rápidamente y le dije que no sabía de ningún otro trabajo, pero que si él sabía, que me dejara saber si necesitaban empleados en otras áreas. A él no le gustó el comentario y se fue muy enojado. Luego de esto, también los empleados comenzaron a comentar, pero lo que hice fue que continué trabajando como si nada e ignorando todo comentario de ellos. Bueno, pues el día llegó y yo no cabía en mis ropas de la emoción de que ese sería el ultimo día que estaría en ese trabajo.

Esa noche casi no pude dormir, estaba muy contento. Llegó la mañana y me fui, como siempre, a trabajar. Usualmente alguien me daba transportación, pero ese día nadie apareció. Me acuerdo de que luego de que llegué al trabajo, uno le comentó al otro que había tomado una ruta alterna porque no quería darme transportación. No le hice caso y continué trabajando como si nada hubiera pasado. No faltaba uno que siempre me preguntaba, pero yo no decía nada. Comencé a sentirme con un poco de dolor de cabeza, casi desde el comienzo del turno de trabajo.

Les recuerdo que teníamos que lavar demasiados platos y cubiertos, simplemente era un trabajo para más personas que las que tenían cuando yo trabajaba ahí. Terminé con migraña entradas las cuatro horas de trabajo y estuve vomitando en el zafacón donde echaba la comida y la basura, pero no le decía nada al chef porque, en realidad, no quería saber nada de él. Aguanté como por tres horas más, pero luego el asistente del chef me envió para mi casa. Caminé hasta los cajones donde guardaba mi ropa, caí en el suelo y me quedé ahí como por dos horas en lo que se me pasaba el dolor de cabeza. No me podía mover o levantar.

Sabía que, como mucho, me tenía que levantar pronto, porque el restaurante cerraba y, a lo mejor, alguien se apiadaba y me daba transporte. Pero, no encontrando a nadie, me tocó irme caminado y me acuerdo de que me tomó como siete horas llegar. Sin embargo, no me importó, porque ya sabía que no regresaría a ese restaurante a trabajar nunca más. Recuerdo que finalmente llegué a la casa y comencé a cocinar para comerme algo y bañarme para dormir y tener un nuevo mañana. Al día siguiente estaba libre porque, como comenzaba un nuevo trabajo, tenía que tomar una semana libre, de lo que me acordé cuando estaba leyendo todos los papeles de mi nuevo trabajo. Todo estaba bien hasta que me percaté de que yo comía en el restaurante las sobras cuando podía, ya que no quería más sopas chinas y tenía en refrigerador solo un vaso con agua, el cual llenaba de agua de la pluma y lo ponía en la nevera para esperar que se enfriara para tomármela. Cuando me sobrara un poco de dinero, me iba y compraba unas papitas de McDonald's que se encontraba al cruzar de la carretera.

Sin embargo, fui a Walmart y compré un sellador claro para los gabinetes de la cocina y pintarlos; así de contento me sentía, ni yo me conocía. La Gloria y la Honra sea para Jesús que intervino en mi vida desde temprana edad y sabía que El me bendecía y protegía a lo largo de mi vida. En uno de los días de esa semana que estaba libre fui a lo que entonces se llamaba Downtown Disney y comencé a caminar. Todo era tan hermoso y diferente, sentía que ahora podía decir "trabajo y tengo casa". Comencé a preguntar dónde se encontraba el departamento de custodial para saber dónde tenía que presentarme la semana siguiente.

Fui y me presenté y ellos me vieron y me dieron la bienvenida, ya que, para mi sorpresa, el departamento estaba lleno de puertorriqueños y de personas de habla hispana. Me sentí muy contento porque no tan solo me iban a poder entender, sino que yo también a ellos. Me despedí y estaba de camino para la casa cuando me compré una cerveza, porque, por fin, mi vida estaba tomando un mejor giro. Me tomó solo como cuatro horas llegar a la casa y también eso me puso muy contento, y todo gracias a Dios. Comencé a estudiar más inglés y a poner pequeñas notas a través de la casa con el nombre de las cosas en inglés para, de esa forma, aprendérmelas y saber las palabras. También comencé a escribir cinco palabras con las definiciones por la parte de atrás en un pequeño papel e hice esto todos los días, menos sábados. Los sábados me hacía un examen con las palabras que había estado aprendiendo durante la semana. Si obtenía unas incorrectas, volvía a estudiar esas que saqué malas y tomaba otro examen el domingo, hasta aprenderlas. De esa forma fui ampliando mi vocabulario al punto de que ya podía establecer conversaciones con personas que hablaban inglés. También comencé a preguntarle a las personas cómo decir esto o aquello, y toda esta estrategia me ayudó para enfrentar esta nueva vida y, lo más importante, poderme comunicar con los demás.

Al llegar el primer día de trabajo en el nuevo departamento en Downtown Disney, yo estaba contento y nervioso, porque no sabía en qué constaba totalmente el trabajo. Por lo menos, yo sabía que había muchas personas que hablan español y eso me tranquilizaba. Cuando llegué esa mañana yo estaba muy contento y deseoso de aprender todo lo que necesitaba saber para ejercer el trabajo bien. Me saludaron, me dieron la bienvenida al departamento y me asignaron una zona de trabajo en la que tenía que limpiar los baños y recoger la basura del área. Me supervisaban de vez en cuando y lo encontraban todo bien, pues yo me esforzaba en hacer un buen trabajo porque no quería que me enviaran para el restaurante otra vez.

Me gustaba mucho lo que hacía en ese momento y comencé a adaptarme con mucho éxito. Ahora, todo lo que necesitaba era transportación, ya que hasta este momento me había ido a trabajar y regresado caminando, lo cual me tomaba muchas horas. Gracias a Dios, poco a poco fui conociendo personas que vivían en la dirección donde yo vivía y, en ocasiones, me daban transporte hacia la casa y también me recogían. Dios siempre cuida de sus hijos y los protege en su caminar. Luego, uno de los que me daba transporte me regaló una bicicleta tamaño mediano y, como por lo menos era mejor que caminar, era mi nuevo transporte.

Así estuve como por un periodo de tres meses, viajando desde mi casa al trabajo y de vuelta. Un día, recibí una llamada de una amiga de mi mamá que me contó que a mi familia, después de que yo me fuera, la sacaron de la casa porque no la podía pagar. La única persona que quedaba en la casa era mi mamá; la casa estaba vacía y ella no tenía donde ir. Después de pensarlo mucho, sentí que tenía que ayudarla porque, después de todo, era mi mamá. Contacté a la amiga que llamó y le dije que ella podía venir, pero yo no podía estar mucho con ella porque tenía que trabajar demasiado.

Ella acordó y vino a Kissimmee, Florida, donde yo residía, a vivir conmigo. Al principio todo estaba bien, pero luego comenzó a sentirse sola. Yo trabajaba mucho y ella estaba sola y no tenía amistades y donde yo vivía tampoco conocía a nadie. Pero, poco a poco, se fue acostumbrando y yo traté de trabajar un poco menos para pasar un poco más de tiempo con mi mamá. A ella le gustó la idea y comenzamos a ir a las tiendas, aunque caminando, pero ella le gustaba salir. Comenzó a cocinar, limpiar la casa y lavar ropa.

Compartíamos la cena en ocasiones y comentaba que le gustaría estar en Puerto Rico, lo cual yo entendía porque para ella era duro estar sola, pero para mí también. Le pregunté si se quería ir, que no había problema, pero me dijo que no. Después de unos meses conocí a una muchacha a la que la invité a mi casa, pero no fue aprobada por mi mamá. No hice caso a eso, pero un día salí con ella y tuve una mala experiencia, todo salió mal en esa cita. Además, ella tenía una nena sobre la que no me había comentado. En esa cita, regresamos a la casa y la mamá se sentó con nosotros en la sala a ver lo que estábamos viendo, y mi amiga estaba más cerca de su mamá que de mí, en toda la noche no medio un solo beso. Realmente no fue una buena noche para mí, ella también estaba ocupada con su hija y tenía cosas que hacer en la casa. Bueno, pero gracias a Dios terminó la noche, llegó la hora de despedirnos y su mamá, todavía en la sala, estaba esperando mi despedida. Me levanté y les comuniqué que me tenía que ir porque tenía que trabajar, y me fui dejándolas con la palabra en la boca. Nunca más volví a buscar a esa chica.

Yo no pensaba dejarla porque mi madre no la quería, pero le doy gracias a Dios que sucedió de esa forma. Nunca más volvimos a hablar porque yo nunca le di muchos detalles de mi vida y, entonces, esa relación quedó ahí. Comencé a trabajar otra vez muchas horas extras y casi no estaba en la casa, y mi madre volvió a sentirse muy sola. Volví a preguntarle si se quería ir a la Isla, pero nuevamente de dijo que no. Después de esa experiencia, no quería buscar a nadie, sino que quería comenzar a estudiar, lo cual hice.

De esta forma, no tan solo estudiaba inglés en la computadora en Disney, sino que comencé a estudiar en el colegio llamado Valencia College en Kissimmee, Florida. Ahí había comenzado a estudiar cinematografía, pero apenas estaba en las clases de introducción y todo para mí era un poco más complicado porque todo era en inglés y, en ocasiones, no entendía lo que quería decir algo. En la casa yo ya tenía un sistema de estudio, aprendiéndome y poniendo el nombre de las cosas cerca de donde estaban para así identificarlas y aprendérmelas en inglés, así que lo que hice fue expandir el estudio para los temas y situaciones fuera del trabajo porque, hasta ese momento, yo me estaba aprendiendo cómo se decían los cubiertos y platos en inglés, pero ahora me tocaría aprenderme los nombres de carreteras, localizaciones y lugares importantes, entre otras cosas. Verdaderamente yo tomaba acción en cualquier reto de esa forma, porque me interesaba crecer y aprender para ejercer el trabajo con excelencia, como para Mi Señor.

Recuerdo que en Disney tenían un sistema para que uno pudiera entrar y ver si había horas extras. Había también horas fuera en los otros de los parques temáticos y, para mi sorpresa, yo las podía hacer. Entré en la página de internet y comencé a aplicar para horas extras hasta en los parques de agua, los hoteles y los parques; básicamente, donde me necesitaran, yo estaba. Comencé a tener buena relación con muchos *managers* de la compañía y ellos me preguntaban si quería trabajar tiempo extra para solo dejarles saber cuándo y cuántas horas, ya que no necesariamente las horas tenían que estar en la página del web, pero ellos me tenían confianza. Además, a nadie le gustaba buscar los carritos de niños por todas partes del parque. Pero a mí me estaban pagando tiempo y medio y me gustaba.

En este punto en mi vida estaba bien, tenía mi trabajo de tiempo completo y sabía que si necesitaba más dinero esa semana podía trabajar tiempo y medio y así conseguir el dinero extra. Bueno, pero también llegó un punto en el que se me hacía difícil hacer todo lo del trabajo y asistir a la escuela y también pensar en mi madre que estaba en la casa. Me sentía cansado y, en ocasiones, sin fuerzas, pero nunca dejaba de orar, siempre le pedía al Señor que hiciera su voluntad en mí y que no permitiera que yo ejerciera mi propia voluntad.

Alinearse a los tiempos de Dios

"Y todo lo que hagáis, hacedlo de corazón, como para el Señor y no para los hombres; sabiendo que del Señor recibiréis la recompensa de la herencia, porque a Cristo el Señor servís. Mas el que hace injusticia, recibirá la injusticia que hiciere, porque no hay acepción de personas."

(RVR 1960, Col 3:23-25)

Siempre mi Señor ha querido bendecirnos, lo que debemos tener en mente para recibirlo es estar preparados para ese momento. La llave del éxito de la vida de un cristiano es la palabra de la Biblia, por eso las personas se refieren a la Biblia como un tesoro. Cuando tú conoces la verdad, la verdad te libera de este mundo, sabiendo que, si lo cumples, obtendrás la corona de la vida. Entenderás que no eres de este mundo y no debes acomodarte en él.

"Si fuerais del mundo, el mundo amaría lo suyo; pero porque no sois del mundo, antes yo os elegí del mundo, por eso el mundo os aborrece."

(RVR1960, Juan 15:19)

Pero, una vez que uno es libre, tiene discernimiento para distinguir que hay cosas que convienen y hay otras que no convienen, y esto en diferentes órdenes.

"Todas las cosas me son lícitas, mas no todas convienen; todas las cosas me son lícitas, más yo no me dejaré dominar de ninguna"

(RVR1960, 1 Corintios 6:12)

En una noche de invierno estaba trabajando en mi otro trabajo en el carrito de mantecados italianos y me tocó el tiempo para ir a comer. Comí y, cuando terminé, comencé a sentirme enfermo, como caliente y con mucha fiebre, pero no me podía ir porque necesitaba el dinero. Cuando me tocó regresar estaba sin fuerzas y lo que quería era irme para mi casa, pero no podía porque no había personal. Al final del día, hablé con la que estaba cerrando el otro carro de pretzeles y ella me dijo que me podía llevar a mi casa. Como pudimos, metimos la bicicleta en el baúl del carro y nos fuimos.

Durante el viaje se empeoró mi condición sin poder ir a un hospital o clínica. Llegué a la casa y recuerdo que me senté en el sofá y me recosté sin tener ninguna clase de fuerzas. La temperatura de mi cuerpo estaba por encima de los cien grados y lo que me pedía el cuerpo era mucho descanso, lo cual le di. Sin pensar que pude haber muerto, dormí hasta el otro día y no me di cuenta de que me había quedado dormido. Desperté en la mañana todo sudado y cansado, mientras pensaba lo que me había sucedido.

Tomé fuerzas para prepararme para ir nuevamente a trabajar en la tarde. Estuve casi toda la mañana observando si me sentía mejor o si tenía que ir al hospital, pero, según el día siguió su curso, comencé a sentirme mejor y a prepararme para regresar a trabajar. Comencé a limpiar, a recoger un poco la casa y a lavar el uniforme. De esta forma, continué por un periodo de un mes, en lo que me a acostumbraba a todos los nuevos cambios en el trabajo.

Aunque me encontraba en esta situación, siempre le daba gracias a Dios por todo. Podía notar que a pesar de las circunstancias que estaba viviendo, Dios estaba presente en todos los asuntos de mi vida. Así continué por mucho tiempo, me enfermaba y me recuperaba, todo porque en la Florida el clima cambia mucho y uno tiene siempre que estar preparados para climas más fríos que en Puerto Rico. Continué con mi vida y, ya casi teniendo un año en el nuevo trabajo, comencé a trabajar en otra compañía por medio tiempo después de mi trabajo en Disney. Trabajaba como unas treinta horas a la semana, más las cuarenta de Disney.

De esta forma pude, por lo menos, tener un poco más de dinero y estar un poco más alivianado económicamente. A medida que el tiempo pasaba, fui aprendiendo a comunicarme más con los turistas y me gustaba poder tener una conversación con ellos. En este momento estaba aprendiendo a apreciar más las circunstancias de mi vida; simplemente quería crecer en la compañía y tener en el futuro una familia. Todo tenía sentido, podía tener metas para alcanzar a corto y largo plazo. Pude entender que todo en la vida tiene un tiempo y una temporada. Lo que me faltaba hacer era alinearme al propósito de Dios creciendo en su palabra y entendimiento.

"Así que, hermanos míos amados, estad firmes y constantes, creciendo en la obra del Señor siempre, sabiendo que vuestro trabajo en el Señor no es en Vano."

(RVR1960,1 Co 15:58)

"No os ha sobrevenido ninguna tentación que no sea humana; pero fiel es Dios, que no os dejará ser tentados más de lo que podéis resistir, sino que dará también juntamente con la tentación la salida, para que podáis soportar."

(RVR1960, 1 Co 10:13)

Aunque me encontraba solo y quería tener una novia, sabía que lo mejor que podía hacer era esperar. Aunque era difícil de asimilar lo que estaba sucediendo en mi vida, le daba gracias a Dios y tenía Fe de que Él me ayudaría.

"Cuando alguno es tentado, no diga que es tentado
de parte de Dios; porque Dios no puede ser tentado
por el mal, ni él tienta a nadie."

(RVR1960, Santiago 1:13)

"Bienaventurado el varón que soporta la tentación;
porque cuando haya resistido la prueba, recibirá la
corona de vida, que Dios ha prometido a los que
le aman."

(RVR1960, Santiago 1:12)

Continué con mi vida y mis trabajos. Después de un
corto tiempo comencé a asistir a la universidad dos veces
por semana. Comencé con una clase de inglés y matemá-
ticas que, para mím era un poco difícil por lo del idioma.
Poco a poco fui aprendiendo más y practicando más el
idioma hasta sentirme a gusto hablándolo. Además de
mi método para aprender palabras en mi casa y mis exá-
menes, también cargaba con un lápiz y un pedazo de
papel y, cuando alguien decía algo que yo no entendía,
le pedía que me explicaran y, de esa forma, lo escribía y
me lo aprendía. Me acuerdo de que de esa manera pude
aprender muy rápido y crecer en esta nueva nación a la
cual tenía que adaptarme para poder sobrevivir.

También comencé a ir a las tiendas y a poder estar fuera
de la casa más relajadamente, sin ninguna otra preocupación, y estar más en estado presente y en el momento.
Esta fue una gran bendición de parte de mi Señor. Podía
ir de compras y, aunque no sabía cocinar, cocinaba sopas

chinas casi siempre hasta que me cansé, y después cambié a espaguetis de pote, pero siempre tenía qué comer calientito. También tuve personas que vinieron a mi casa para traerme muebles y que me regalaban ropas, eran tanto personas que trabajaban conmigo como desconocidos.

En algunos momentos de mi vida me tomaba el tiempo para ver mi situación desde un punto de vista externo y me acordaba de todo lo que sufrí cuando era más pequeño, cuando tenía que trabajar para conseguir todo lo que quería y cómo tenía que batallar en la calle para conseguirlo. Cuando pensaba y meditaba en esto me decía a mí mismo "¿qué tengo que perder?", si lo único que tenía y valoraba ya lo había perdido hacía mucho tiempo, mi inocencia. Yo siempre pensé que yo ya había tocado el suelo y que lo único que me quedaba era subir hacia arriba y volverme a parar y tomar las cosas en serio en beneficio de mi persona.

Para resumir, mi Dios siempre tiene un plan. Comencé a tomar muy en serio todas las situaciones de mi vida hasta ese momento. Me dediqué a aprender todo lo que pudiera en la vida que me podría servir en el futuro personal y profesionalmente. Cuando analizaba cómo debería enfrentar situaciones me veía confundido y buscaba apoyo en otros creyentes. Pero yo terminaba decepcionado porque ellos decían una cosa y hacían otra en todas sus propias situaciones, desde matrimonios hasta relaciones sociales. Se mentían, salían con los otros maridos, las esposas eran lesbianas, los hombres siempre buscaban prostitutas y también tenían relaciones sexuales con menores de edad, bebían alcohol... todo esto aunque iban diciendo ser cristianos. Mientras más miraba a los adultos, menos quería ser uno. Comencé a comprender que tenía que haber algo más grande que yo y que este mundo. Algo que tuviera y me diera sentido a la vida.

> "Pero decía, que lo que del hombre sale, eso contamina al hombre. Porque de dentro, del corazón de los hombres, salen los malos pensamientos, los adulterios, las fornicaciones, los homicidios, los hurtos, las avaricias, las maldades, el engaño, la lascivia, la envidia, la maledicencia, la soberbia, la insensatez. Todas estas maldades de dentro salen, y contaminan al hombre."

(RVR1960, Marcos 7:20-23)

Así pues, en esta etapa de mi vida ya quería tomar un mejor rumbo y comenzar a tomarme las cosas un poco más seriamente.

> "Cuando yo era niño, hablaba como niño, pensaba como niño, juzgaba como niño; más cuando ya fui hombre, dejé lo que era de niño. Ahora vemos por espejo, oscuramente; más entonces veremos cara a cara. Ahora conozco en parte; pero entonces conoceré como fui conocido. Y ahora permanecen la fe, la esperanza y el amor, estos tres; pero el mayor de ellos es el amor."

(RVR1960, 1 Co 13:11-13)

Sabía que ya tenía mi casa, una forma de transporte, escuela y dos trabajos. Tenía que tomar, ahora, los cosas con más seriedad, lo cual comencé a hacer de inmediato desde el trabajo hasta la casa. Siempre limpiando y compartiendo con personas de las cuales podía aprender. Me dediqué a esta nueva encomienda con diligencia, siempre mirar hacia arriba y aprender todo lo bueno que pudiera estudiar en la vida.

Todo sonaba bien en este punto de mi vida, pero Satanás tenía unos planes que no eran los mismos que míos, ni mucho menos los de Dios.

Incidente de la señora

La señora que me ayudó con la compra de la casa comenzó a tener problemas económicos hasta quedar en la calle.

Su familia era de siete personas: tres niños, dos niñas, ella y su esposo. La señora comenzó a tener una relación de amistad con mi mamá, ya que mí siempre estaba sola debido a que yo trabajaba mucho y estudiaba. Entonces, mi mamá, al enterarse de la situación económica de ella, le tomó pena y habló conmigo. Yo acordé ayudarla porque ella me ayudó con la compra de la casa y perdió su trabajo más adelante por eso; además, mi mamá estaba sola y yo podía, de esa forma, tener una ayuda económica, o al menos eso era lo que yo pensaba. Esta relación creció hasta que se mudó con toda su familia a mi casa porque, finalmente, quedaron en la calle, y yo tenía que ayudarlos.

Al principió todo estaba bien, pero las hijas comenzaron a traer muchachos a mi casa e incluso fumaban dentro con solo catorce años. Me enteré un día regresando temprano a la casa del trabajo, la puerta de la casa estaba abierta y una de las hijas estaba con un muchacho fumando con los pies trepados en los muebles. Me llené de mucho enojo y comencé a hablar con mi mamá acerca del asuntó, pero mi mamá no veía por qué no podíamos tenerlos en la casa. Y no era tan solo por problemas con los hijos, sino también por problemas económicos. Por ejemplo, la factura de la electricidad de $19.99 subió a $120.00, y yo lo único que generaba era $135.00 a la semana.

Simplemente, se estaba convirtiendo en una pesadilla lo que estaba viviendo. Por un lado, sentía que la tenía que ayudar, pero cuando hablé con ella solo me dijo que cuando ella pudiera me iba a dar algún dinero para las *bills*. Nuevamente, hablé por la noche con mi mamá, pero de nuevo se inclinó por ayudarla, sin pensar en lo que me estaba pasando a mí, y el por qué yo me estaba preocupando. Me pasaban tantos malos pensamientos por la mente por todas las experiencias vividas anteriormente de las cuales siempre me estaba cuidando de no caer y, sin embargo, estaba nuevamente en una de ellas.

Hablaba con compañeros de trabajo y todos más o menos aconsejaban lo mismo, que viviera solo. Yo simplemente no podía entender cómo había caído nuevamente en una situación como esa. Pasó como un mes, yo estaba en el gimnasio, y la señora que vivía en casa, también. Yo me encontraba en el jacuzzi que todos podían usar, hombres y mujeres; ella fue también y se me insinuó como para tener sexo y con eso pagarme. Simplemente me sentí más enojado y quise hablar por última vez con mi madre para a ver qué me aconsejaba. Ella se mantenía pensando que los teníamos que ayudar, aunque yo le explicaba que el dinero no me daba, que ya no podía pagar las *bills* y que estaba en la situación de que probablemente perdería todo nuevamente. Yo solo sabía que haría todo lo posible por salvar lo poquito que me pertenecía. Hablé con más personas buscando un consejo que me pudiera salvar de toda esta situación, y todas concordaban con que los tenía que sacar de la casa, porque mi responsabilidad era ayudar a mi madre y a nadie más, pero siempre me ganaba el corazón y terminaba ayudando a otros antes que a mi persona. Después de como seis meses, me llegó una carta de que el pago de la casa estaba en atraso y podía perderla.

Le enseñé la carta a mi madre y le comuniqué que yo estaba muy enojado por esta situación económica, pero, una vez más, todo quedó en nada. Me fui a trabajar y todo el tiempo estuve pensando en la situación de mi casa y en cómo podría resolverla. En mi mente pensaba cosas muy malas y no quería hacerlas porque era atentar contra la vida de ellos. Un día llegué y todos estaban durmiendo, me paré enfrente de la casa y podía ver, como en una película, que yo tomaba un tanque de gasolina y los quemaba a todos juntos y, de esa forma, salía de mis problemas. Me puse muy nervioso por saber que mi madre también estaba ahí, pero un leve pensamiento de amor hacia ella me detuvo a pensar más a profundidad lo que sucedería si hiciese algo así. Para la gracia de Dios, ese leve pensamiento pudo cambiar mi pensar y frenar un impulso que se convertiría en una acción.

Esa noche sentí un alivio grande una vez que entré en la casa, porque me di cuenta de lo que hubiera pasado si hubiera llevado a cabo mis pensamientos, todo lo que en ese momento estaría pasando conmigo, con la policía, cómo se enterarían las demás personas y mis familiares y qué pensarían de mí. Y, sobre todo, lo más importante, qué pensaría Jesús de mí. De alguna forma extraña me sentía contento de que no lo hice, pero entendía que todavía estaba en la situación y que todo seguía igual. Le pedía a Dios que me ayudara, ya no sabía qué hacer, decir o pedir.

Esperé a estar libre de la escuela y senté a mi madre y a la señora para hablar de todo lo que estaba pasando y encontrar una solución al problema. Me llené de valentía y le dije delante de mi madre que se fuera de mi casa. Ella miró a mi mamá, quien ya estaba llorando, me miró y dijo: "está bien, dame como dos semanas para irme" y salió furiosa de mi cuarto, donde estábamos hablando. En esas dos semanas los problemas no cesaron. La niña mayor estaba teniendo relaciones sexuales, fumando marihuana, los varones curioseando con otros varones sexualmente. Y yo, nuevamente, me encontraba en medio de las trampas del diablo, y tenía que sobrevivir. Ellos me contaban todo lo que hacían y yo me quedaba mudo. Desde vender drogas, usarlas y tener sexo aún con niños y niñas que ellos no conocían.

Luego me enteré de que en el lugar donde vivía sucedía esto con casi todos los niños y niñas; cuando no estaban en drogas, estaban envueltos en algo sexual. Por más que los aconsejaba, no querían hacer lo bueno. Aproximadamente después de tres semanas decidieron mudarse cuando yo no estaba en la casa, lo cual fue mejor para mí. Un día llegué y encontré a mi mamá llorando porque extrañaba a Puerto Rico y porque no tenía ninguna amistad en Florida. Hablé con ella y le pregunté si quería ir a la isla, pero me dijo que no, que solo la extrañaba. Yo continué trabajando y asistiendo a la escuela y teniendo una vida un poco más normal.

Continué con mis planes de graduarme y de ser alguien en el futuro, aunque no todo era tan fácil: por un lado, tenía a mi madre en la casa preocupada y triste; y, por el otro, el trabajo y el idioma. Yo continuaba con mi aprendizaje del idioma y la práctica, creciendo, de esta forma, en el lenguaje y en la comunicación con los turistas en el trabajo. Comencé también, en esta etapa, a tomar clases que eran no solo estaban en otro idioma para mí, pero también nuevos temas en mi vida. Recuerdo que en una de las clases de inglés tenía que hablar enfrente de la clase y recuerdo haber estado hablando de muchachos y en vez de decir *guys* dije *gays*. Cuando me di cuenta de que todo el salón se estaba riendo de lo que yo dije, me puse más nervioso y se me olvidó todo lo demás. Incluso la maestra estaba riendo de lo que había dicho, pero fue un momento de felicidad para todos en el salón, a pesar de lo sucedido. Estaba casi ya terminando el curso básico de la universidad para entrar en las clases de concentración y sentí que poco a poco estaba tomando control de mi vida. Ahora, era la situación económica lo que tenía que resolver, tomando en cuenta lo que había sucedido y las cuentas que se habían atrasado. Entendiendo nuevamente que tenía que salir adelante, comencé a trabajar tiempo extra en los dos trabajos, casi hasta llegar a las ochenta horas a la semana.

A pesar de las circunstancias, siempre le daba gloria a Dios por todo y le pedía que se hiciera siempre su voluntad y no la mía en todos los aspectos y áreas de la vida. Aunque no siempre entendía la voluntad del Padre, entendía que era mejor que la mía. Decidí concentrarme en los estudios y en mi madre, que siempre estaba en la casa esperándome.

Así me mantuve un tiempo, trabajando y estudiando, lo que me mantuvo ocupado por mucho tiempo. Me llevé bien con una señora del trabajo y ella fue a mi casa y conoció a mi mamá. Por lo menos, así mi mamá tenía a alguien con quien hablar. Como quiera, mi mamá extrañaba Puerto Rico, pero estaba más tranquila. La señora tenía dos niños como de ocho años y era puertorriqueña.

También, en ocasiones, cuando podíamos, íbamos a Disney para distraernos la mente. Otras amistades nos invitaron a sus casas y fuimos; y conocimos otras personas del trabajo. También otras personas nos regalaron una cama, entre otras cosas, como platos, un televisor, etc. Una bendición del cielo que el Señor me daba una vez más. Poco a poco fuimos acostumbrándonos a este sistema y al modo de vivir en este país, por lo que siempre le daré gracias a Dios por tan hermosa bendición.

Ahora, lo que tenía que resolver era lo de la transportación. Un día que me encontraba libre fui a un dealer a comprar un carro y el vendedor me dijo que cualifico para una Honda del Sol, que era un carro convertible pequeño y bonito. Me gustaba el carro; bueno, terminó por convencerme, y me llevé el carro como por cuatro días. Luego le llevé lo que me faltaba del dinero del enganche y me fui. Como a los tres días vuelven y me llaman diciendo que tenía que ir al *dealer* y hablar con ellos nuevamente.

Les dije que iría en mi próximo día libre; a ellos no le gustó la idea, pero no tuvieron de otra más que esperar. Llegó el día, fui al *dealer* a ver qué querían y, para mi sorpresa, me pidieron las llaves del carro y me dijeron que no me lo habían aprobado. Tuve que regresar a mi casa caminando, lo cual me tomó como unas tres horas y media. Cuando llegué estaba muy molesto. Puse mis piernas en una cubeta de cinco galones con agua caliente para relajar los pies y descansar. Recuerdo que mi mamá me preguntó por el carro y yo le conté lo sucedido. Ella se sintió mal, pero yo le dije que yo iba a resolver lo del carro; que trabajaría tiempo extra para poder reunir el dinero necesario para poder comprar un carro y que esa sería mi prioridad ahora. Continué trabajando tiempo extra para comprar el carro y ya casi no estaba en la casa, como antes. También trabajaba en los parques de agua durante el verano, porque esos parques tenían muchas horas de trabajo disponibles y yo aprovechaba. Durante este tiempo, mi mamá se enojó conmigo y se fue con la señora que vivía conmigo. Se fue para Nueva Jersey, donde ella vivía, y estuvo con ellos un tiempo.

Yo no me preocupé por nada y me enfoqué en conseguir el carro que tanto necesitaba. Reuní un poco de dinero para el enganche y, entonces, me fui a un *dealer* de Nissan y hablé con un vendedor y me explicaron que se me haría más fácil comparar un carro nuevo que un carro viejo. Así, me compré un Nissan del 1998 con mil doscientos de enganche y me fui contento para mi casa, solo que en este caso no me pude llevar el carro en ese momento porque el *dealer* tenía que hacer unos papeleos y ya era muy tarde. El carro estuvo como dos o tres días en el *dealer* y durante ese tiempo mi mamá regreso de Nueva Jersey para mi casa, ya que no aguantó la malacrianza de los hijos de la señora. Ella me contaba cómo las niñas querían tener relaciones sexuales y cómo querían hacer cosas malas y esperaban que mi mamá no dijera nada, así que decidió regresar conmigo. Como a los dos días me llamaron del *dealer* que fuera a recoger el carro que estaba listo, yo me sentía muy feliz y no me podía contener. Tomé el transporte público hasta llegar al *dealer*, y cuando llegué el carro ya estaba listo al frente y lavado. Me encontré con el vendedor, hicimos el papeleo y, cuando finalmente estaba de camino para mi casa, eran como las seis de la tarde.

Cuando llegué, me acuerdo de que le dije a mi madre: "Mira por la ventana para que veas el carro". Ella miró, pero no le hizo mucho caso al asunto. Me fui a bañar y a comer algo, y recuerdo que siempre que podía veía por la ventana para ver si el carro todavía se encontraba ahí. Parecía un niño con un juguete nuevo en Navidad. Incluso, esa noche me levanté en ocasiones para ver si el carro todavía se encontraba allí, y verlo me llenaba de mucha alegría. Quería que amaneciera para irme a trabajar y así guiar el carro. El color era gris, era de cuatro puertas, café por dentro, automático, cuatro cilindros. Era un sueño. Lo usaba para el trabajo y para la escuela y, de esa forma, me fui acostumbrando; también iba con mi mamá y nos íbamos de compras para distraernos la mente. Luego de unos tres meses y entrando casi en los días feriados, en diciembre, mi mamá se sentía bien deprimida. Yo siempre estaba trabajando y ella sola. Trataba de estar con ella cuando estaba libre para que no estuviera sola. En ese tiempo Disney celebraba su aniversario veinticinco, así que estábamos muy ocupados y yo necesitaba mucho dinero, así que me la pasaba trabajando. Trabajaba no tan solo en Magic Kingdom, sino también en todos los parques temáticos, acuáticos y hoteles. En este punto de mi vida mantener varios trabajos era un poco más fácil porque tenía un carro y podía moverme a cualquier lugar donde me dijeran sin ningún problema. Me estaba adaptando a manejar el auto y aprendiéndome las rutas de cómo llegar a los diferentes lugares. También tenía que saber dónde estaban los hospitales, contratar seguros médicos, y saber cuál tenía que escoger para mi mamá.

Eran muchas decisiones por tomar. Mi mamá no podía ayudarme en esta clase de decisiones porque eran escritas en inglés y yo, aunque estaba aprendiendo rápido el idioma, no era lo suficientemente rápido para poder manejar todos los asuntos de la casa, los míos y los de mi mamá.

"Mas buscad primeramente el reino de Dios y su justicia, y todas estas cosas os serán añadidas. Así que, no os afanéis por el día de mañana, porque el día de mañana traerá su afán. Basta a cada día su propio mal."

(RVR1960, Mt 6:33–34)

Recuerdo que en momentos malos mi mamá mencionaba que teníamos que orar a Dios. También conocí a muchas personas que me invitaron a la iglesia con ellos porque yo era amigo de sus hijos. Comencé a orar y poner todo en las manos de mi Señor. También conocí en el trabajo a un señor llamado De Wilfredo, quien me fue aconsejando en cuanto a las cosas del Dios. Poco a poco me fui acostumbrando y aprendiendo todo lo del trabajo con él, porque él llevaba más tiempo en el trabajo que yo. Este hombre llegó a ser el padrino de mi boda y, por consiguiente, una muy buena amistad. Como él hubo muchos otros que me ayudaron a crecer como persona en este país. Que Dios los bendiga donde quiera que se encuentren, siempre los recordare. Qué bueno es cuando uno puede tener personas dispuestas a ayudar de corazón y no por algún interés. También, económicamente, poco a poco estaba saliendo de todas las deudas, incluso de las deudas que tenía en Puerto Rico.

Así, aun estando atravesando duras experiencias, pude crecer como persona y cristiano, a través del amor de Dios. Fue en medio de cada tormenta en mi vida en la que encontraba la mano de Dios, pero solo me di cuenta cuando comencé a buscarlo desesperadamente por todo lo que me sucedía. Desde muy pequeño siempre sentí que había algo bueno, que había en el mundo solo que no sabía qué sería.

Desgraciadamente, los que supuestamente eran amigos, después de un tiempo ya no lo eran. Fui moldeando mi corazón para no permitir que nadie me lastimara más, tanto novias como amistades. Quise establecerme yo primero antes de permitir a otra persona a mi lado y que no fuera otra situación mala en mi vida. Continuaba practicando el inglés como podía y hablaba con los americanos y muchos me ayudaban porque encontraban gracioso la forma que yo decía las cosas. Quise tomarme un poco de tiempo y apreciar lo que estaba viviendo, en donde estaba trabajando, la casa que tenía; simplemente, todo. Todo esto se lo ponía a Dios en las manos. De alguna forma pensaba que si se lo dejaba en las manos a Él a Jesús, no sería mi culpa si salía mal, una forma de pensar que me ayuda mucho, al igual que la expresión, "¿qué haría Jesús en esta situación?". Fueron palabras que aprecié muy adentro en mi ser y que me ayudaron a continuar moldeando mi vida de Discípulo aún más, ¡a Dios sea la Gloria!

"Y yo os digo: Pedid, y se os dará; buscad, y hallaréis; llamad, y se os abrirá. Porque todo aquel que pide, recibe; y el que busca, halla; y al que llama, se le abrirá"

(RVR1960, Lucas 11:9-10)

La búsqueda de amor

Comencé a orarle a Dios por una mujer para mí, una ayuda en que yo pudiera confiar. Recuerdo que conocí a tres mujeres, fueron tres historias en las cuales mi Dios estaba en total control. Mi situación era que en el trabajo todo andaba bien, pero en cuanto a una pareja, no. Sí estaba saliendo con amigos, pero no con amigas, ya que donde trabajaba era en el departamento de custodial o limpieza, limpiando baños y sacando basura. Me encantaba el trabajo porque me permitía conocer e interactuar muchas personas, incluso hasta de Puerto Rico, que visitaban el parque; también porque había otros empleados de habla hispana con los que me podía comunicar mejor y que me podían dar mejor dirección en cuanto a lo que tenía que hacer para estar bien en la compañía y prosperar. Solo me faltaba una compañera, una persona que primero le tuviera temor a Dios y que pudiéramos ayudarnos mutuamente y, eventualmente, tener una familia. Era una misión que cambiaría todo en mi vida.

Madeline fue la primera amiga americana que tuve con un poco de interés en tener una relación. Ella trabajaba en una tienda de ropa y artículos de venta y no podíamos vernos con frecuencia. Era una chica muy hermosa y se veía joven, como de unos veinte años. En ocasiones, cuando yo iba a la tienda a visitarla, ella se ponía un poco nerviosa. Compartimos unos cuantos recesos del trabajo, comíamos y nos reímos muchos.

Un día le dije que quería conocer a su familia (recuerden que yo solo sabía un poco del idioma) y ella me dijo que pensaba que era una buena idea. Lo planeamos para unas cuantas semanas después para hacer nuestra relación más formal. Esperamos pacientemente hasta que el día de conocer a mi futura suegra llegó. Me levanté contento y lleno de muchas esperanzas inciertas de cómo sería su mamá y el rumbo que tomaría esta relación. Yo entendía que era un poco mayor que ella, pero no sabía cuánto porque nunca le quise preguntar para que eso no fuera un problema.

Me preparé bien, fui con buena apariencia y respetuoso, también fui a la tienda y compré flores para ella. Tomé el autobús que pasaba a una hora determinada y así poder planear y llegar a la casa. Después de dos horas y media, finalmente llegué a la casa. Cuando me abren la puerta, era la mamá de ella. Comencé a sudar y me quedé sin palabras, y lo único que pude hacer fue mirar a la señora fijamente en los ojos. ¿Cómo decirle que quería que ser novio de su hija? La mirada era un poco desafiante y yo no quería hacerla enojar. Le pregunté a la señora dónde estaba su hija y ella la llamó. Cuando vino a la puerta hablé con ella, me invitaron a pasar y a comer, pero todavía podía sentir un poco de tensión de parte de la señora. La señora me pregunto qué edad tenía y le contesté que veinticuatro años, la señora me dijo que su hija tenía dieciocho años de edad, miró a su hija y luego bajó la cabeza en silencio.

En mi interior pude sentir cómo mi respiración se detuvo y yo también bajé la cabeza. Todo quedó en silencio por unos minutos, hasta que la hija me preguntó qué quería estudiar y cómo me iba en la universidad. Le contesté, pero mi semblante ya no era el mismo. Pude entender por qué su mamá no estaba de acuerdo con esta relación. Me quedé unas cuantas horas más y luego, entendiendo en el espíritu que no tenía oportunidad con ella, le comuniqué que me retiraba para mi hogar. Ella me llevó hasta la puerta, donde la miré y sonreí no sé por qué. Ella también sonrió y así quedó esa relación. Luego, cuando estábamos trabajando, ya no me buscaba ni me hablaba. En ocasiones recuerdo que lograba verla de lejos y eso me bastaba, pero en cuanto a la relación, simplemente había terminado.

Pasó un tiempo como de seis meses y conocí a otra muchacha que frecuentaba el local donde trabajaba y siempre me hacía conversación. Me interesé en ella, pero podía ver que era una muchacha que se notaba que estaba buscando novio y que había estado con varios muchachos. Sin embargo, en este punto yo preguntaba en mi mente, ¿valdrá la pena esperar una como yo la pienso, virgen, sin experiencia, etc.? Decidí ir a una cita con ella uno de los días que estuviera libre. Recuerdo que decidimos ir un viernes después de mi trabajo. El viernes llegó, y ella fue a mi trabajo y comenzó a hablarme, pero en ese momento estaba muy ocupado con clientes y no la podía atender. Terminé mi horario de trabajo y salí a buscarla, que se encontraba enfrente del local todavía.

Comenzamos a hablar y a caminar. Ella iba unos pasos más adelante que yo, como si tuviera prisa. Pero, en un momento, se detuvo, me miró a los ojos y me comunicó que ella no podía hacerme esto. Le pregunté qué quería decir con eso. Se acercó, me miró a los ojos y dijo, "yo consumo marihuana y me encanta tener relaciones sexuales". A esto yo quedé sin palabras. Ella me preguntó que si yo fumaba también, a lo cual le indiqué que no. Ella se disculpó y comenzó a irse, y me dejó pensando. Sentí como que algo dentro de mí que me daba entendimiento de que esa mujer tampoco era para mí. Me quedé parado en el mismo lugar como cinco minutos, solo tratando de comprender qué era lo que estaba yo haciendo mal. Pero, nuevamente, como que en mi mente podía sentir dirección, aunque no comprendía de dónde venía o cómo podía ayudarme ese conocimiento.

Siguieron pasando los meses y, como un año después, conocí a otra muchacha que también frecuentaba mi local y comenzamos a hablar. En esta ocasión yo quería darme un tiempo para conocerla mejor y, esta vez, estar seguro de que podía tener una oportunidad de relación genuina y segura. No funcionó y después de como de cinco meses conocí a otra muchacha llamada Isabel que trabajaba en Disney, y era un poco más adulta que mis anteriores novias. Pensé que a lo mejor me iría diferente y mejor que anteriormente. Luego de como dos semanas de salir acordamos para vernos en su casa. Fui a su casa, su mamá me abrió la puerta y me permitió entrar y sentarme en la sala. Isabel me saludó desde el baño donde se estaba preparando. Luego de como una hora esperando veo a una niña pequeña que sale de un cuarto hacia la sala y la señora la toma en sus brazos.

Isabel terminó de arreglarse y nos fuimos. Para este punto, yo ya tenía dolor de cabeza por todo lo que estaba pasando, pero decidí continuar con la agenda de la cita. Ella me dijo de camino que tenía hambre. Nos detuvimos en Burger King y supe que si yo ordenaba algo de comer no me iba a dar el dinero. Tuve que hacer algo que no quería, le pregunté a ella si tenía algo de dinero para costear la comida, a lo que ella respondió que no. Ella comenzó a ordenar y solo lo de ella fueron como diez dólares. Yo tenía como 9.45 dólares me volteé hacia ella y le pregunté una vez más si tenía el resto, y me dijo que no. Mi dolor de cabeza solo se intensificó más y ya casi no podía pensar bien. Salí del restaurante y le dije al cajero que iba a ir a mi carro para ver si encontraba el resto del dinero en el carro, pero yo sabía que no lo tenía y necesitaba salir para no explotar. Me demoré como diez minutos y, para mi sorpresa, cuando entré nuevamente en el restaurante todavía me estaban esperando para el dinero. Entonces, le di todo lo que tenía y pagué la comida de ella. Nos sentamos, ella se comió su comida y, cuando terminó, pudimos hablar solo un poco. Tenía mucho dolor y le dije que nos fuéramos, pero no le había dicho para dónde la iba a llevar. Bueno, la llevé a su casa, ya no tenía dinero para el cine.

Ella no me preguntó si me sentía mejor. Entramos, le pedí un poco de agua y la dejé con la palabra en la boca. Simplemente me fui para jamás volverá a verla, gracias a Dios. Aprendí bastante de esa experiencia y tomé la decisión de continuar concentrado en la universidad y en nada más. Comencé a trabajar más horas simplemente para estar bien económicamente y mantenerme concentrado.

Comencé a decirme a mí mismo que tenía que salir adelante porque yo sabía que había algo más y mejor que el Señor tenía para mí. Continué aprendiendo más inglés en la universidad y en mi trabajo como podía y cuando podía. Me dediqué a mi mamá, compartíamos más juntos cuando estaba libre, íbamos al lavar las ropas en el centro de bienvenida del complejo donde vivía. Ya mi vida estaba tomando un nuevo rumbo más positivo, por lo menos en lo mental. Aunque estaba ocupado, tenía que continuar adaptándome a la vida en esta nueva nación. Mi mamá en ocasiones deseaba estar en Puerto Rico, porque no tenía a nadie que conociera. Me preocupaba dejarla sola, ya que también estaba trabajando demasiado. Además, como en Puerto Rico, ella se ponía muy deprimida cuando teníamos que pagar algo.

Esta actitud me dolía mucho, porque podía recordar las experiencias vividas en la Isla que marcaron mi vida, y eran experiencias que no quería pasar acá en Estados Unidos. Ya en esta etapa de la vida tenía veintisiete años y verdaderamente estaba necesitado de una pareja. Entendía que mi madre me ayudaba en la casa, me lavaba la ropa y mantenía la casa limpia durante la semana, pero tenía necesidad física de estar con una mujer.

Pero, como ya había dicho, el amor en Estados Unidos me fue bastante difícil, además de que mis exigencias en cuanto a las mujeres habían aumentado por las malas relaciones anteriores. Aunque yo quería enfocarme en mis estudios, estaba la necesidad de una relación siempre en mi mente. Entendiendo esto, comencé a orar y a pedirle al Señor Jesús por una compañera. Recuerdo que tuve una conversación con Wilfredo y me estuvo hablando de que con El Señor teníamos que ser específicos en lo que necesitamos y pedimos. Le pregunté cómo y me dijo, "cuando ores al Señor, háblale como si estuvieras hablando conmigo. Medita en lo que verdaderamente necesitas de ella y cómo la quieres y el Señor te la proveerá".

Tomé nota de todo lo que me había dicho y al principio, cuando oraba, ni yo sabía lo que buscaba, pero según mantenía la oración con Dios, comencé a ser más específico. En mi oración le pedí al Señor por una mujer bajita, rubia, con trabajo, con casa y con más conocimiento que yo de la Florida. Esa fue mi oración por más de seis meses, sin cesar. Recuerdo que siempre estaba pendiente de ella, ya que estaba pidiendo una pareja con varias especificaciones. Cuando trabajaba, recuerdo que dedicaba tiempo a estar entre los visitantes en el parque temático de Disney, tratando de ver si podía identificar a la mujer.

También en el trabajo de medio tiempo que tenía, como era directamente interactuando con los visitantes, prestaba mucha atención a todas las mujeres que visitaban mi carro de venta de pretzeles. Hasta que llegó el día, después de que yo había dedicado tanto tiempo a buscar una pareja, y en el momento en el que estaba presto a conocer a quien Dios escogió, era un día lleno de mucha tensión y problemas en la casa.

La mujer que Dios tenía para mí

Aunque tenía situaciones en la casa que no me permitían estar tranquilo y en paz, siempre pesaba en cómo sería la mujer que dios me daría. Un domingo estaba en el trabajo de medio tiempo en la tarde, me encontraba solo en el carrito de venta de mantecados italianos y miro hacia mi izquierda a todas las personas que estaban pasando. Vi que una mujer casi se vuelca con un carrito de niños en el cual llevaba tres niños dentro. La muchacha estaba mirándome y por eso fue por lo que casi se vuelca.

Tanto yo como los demás que estaban allí nos dimos cuenta, y todos salieron al rescate, menos yo. No sé cómo lo pensé tan rápido, pero en ese instante recuerdo que tenía tres niños dentro del carrito y que eso no me convenía. La miré por ultima vez y comencé a mirar para el otro lado, entendiendo que, por lo menos, los niños en el carro estaban bien. Miraba en la dirección opuesta a donde se encontraba la muchacha con los niños, pero, luego de unos segundos, me interesó saber cómo estaban y miré nuevamente en esa dirección.

Cuando me di cuenta de que la muchacha estaba en mi carrito tomando servilletas para ella, por un segundo me molestó que no me preguntara y le dije en inglés que tenía un costo de 0.25 centavos cada servilleta. La muchacha se trabó en el hablar en inglés y le pregunté, luego de que comenzó a regresar las servilletas, de dónde era, y cuando me dijo que era de la Isla, yo le contesté que yo también. Ella me comentó que, como le había hablado en inglés todo el tiempo, pensó que no sabía español y pensó que yo era de Italia. En este momento todavía estaba pensando en los tres niños que tenía en el carrito. Cuando se da cuenta que yo también era de la Isla, comenzó a hablar con un lenguaje de calle y me preguntó que como yo podida tenerla hablando inglés cuando sabía español. Bueno, pues comenzamos a hablar y me di cuenta de que ella era bajita y rubia. Tuve un interés genuino en conocerla, pero no quería envolverme con una persona que tuviera hijos. Le pregunte su nombre y me dijo "Lercy". La amiga que venía con ella todo el tiempo estuvo distante y me dejó saber que los niños no eran de la muchacha con la cual estaba hablando.

En medio de la conversación, Lercy me dijo que trabajando en el mercado de bienes raíces, y yo le comuniqué que estaba interesado en comprar una casa más adelante. Ella sacó una tarjeta de presentación y, cuando me la iba a dar, escribe su número personal en la parte de atrás. Le dije no tenía teléfono en la casa, pero me lo iban a instalar el próximo lunes. Nos despedimos y ellas se fueron. Después de esta situación, me quedé pensando que me gustaría conocerla más. Esperé hasta cuando me instalaron el teléfono y lo primero que hice fue llamarla, pero en ese momento Lercy no respondió y yo pensé que no realmente quería tener ninguna relación conmigo.

Bueno, pensé, otra mujer que no me convenía, porque yo estaba constantemente pidiéndole al Señor una mujer que me conviniese y dependiendo de su bendición. Luego de haber esperado con ansias su respuesta, llegó tan esperada llamada. Hablamos y quedamos en vernos en una gasolinera Seven-Eleven. Recuerdo que tenía unos espejuelos que me habían dado con receta, pero con una montura muy grande y me veía mal con ellos, parecía un *nerd*. Sin embargo, cuando llegué a la gasolinera, no me acordé de quitarme los espejuelos. No les puse atención, continué con el plan de encuentro y sentí una persona detrás de mi siguiéndome en la tienda de la gasolinera. Cuando me viro a mirar, ella era la que estaba siguiéndome, mientras, a su vez, yo también la estuve siguiendo para saber cómo se veía y tomar un segundo vistazo a ella. Bueno, pues nos detuvimos y hablamos, salimos de la gasolinera y nos fuimos a su casa. Cuando llegamos, me di cuenta de que era una casa regular, no una casa movible. Así, pude notar otra de las cosas que yo ya le había pedido al Señor. Hablamos y decidimos que nos podíamos dar una oportunidad, sentíamos atracción el uno por el otro, así que estuvimos hasta tarde hablando. Me comentó que ella tenía una persona, un hombre llamado Esteban, que compartía los costos de la casa con ella, pero no eran nada, no tenían ninguna otra relación. Inmediatamente le dije que no podía estar más ahí, lo que ella inmediatamente entendió. Eso me dejó saber que, por lo menos, era una persona comprensible y eso me gustó mucho. No obstante, terminamos en la cama, dejando los deseos de la carne manifestarse y cediendo a los deseos carnales. Cuando terminamos, le comuniqué que tenía que ir a trabajar, y ella me dijo que ella también.

Nos despedimos y me fui a mi casa. Recuerdo que estaba espantado por lo que acababa de hacer, no lo podía creer. Lo que siempre traté de evitar, pensando que teníamos que conocernos primero y después tener una relación, pero hasta yo caí en esa situación de la que siempre me cuidé. De camino a mi casa me estuve preguntandome si ella era la que Dios me daría. Comencé a recordar todo lo que hablamos y ella me comentó que había estado casada anteriormente y que había perdido una niña, lo que me rompió el alma. Me contó que tenía dos trabajos y que en el futuro le gustaría estudiar más. Medité en todo lo que estaba pasando mientras continuaba guiando, y llegué a la conclusión de que esta sería una buena oportunidad. Entendí que me gustaría conocerla más.

Me sentía contento, por un lado, porque había alguien al quien yo le importaba. Sin embargo, por causa de nuestros trabajos el vernos no era tan fácil. Continué trabajando y estudiando tratando de ver a Lercy lo más posible. Decidí, también, permitir que todo sucediera por la voluntad de Dios y esperar en Él. Comencé a preguntarle a Dios si esta era la mujer que Él me daría por fin. En mis oraciones continuaba pidiéndole a Jesús que dirigiera mis pasos para no fracasar esta vez y ahora depender completamente de su dirección. Lercy y yo nos llamábamos con mucha frecuencia, ya que siempre estábamos ocupados.

Recuerdo un día en particular en el que Lercy, simplemente, decidió aparecerse en mi casa sin avisarme. Aunque no me gustó que hiciera eso, nos quedamos en el carro y hablamos acerca de nosotros y si nos convenía tener una relación. Entre besos y caricias, decidimos tener un noviazgo y darnos, de ese modo, una oportunidad formal. Compartimos como una hora en el carro y luego se fue. Y yo, como un niño pequeño, quedé contento porque podía ver una esperanza en esta relación y en todas las áreas de mi vida. Entonces, le dejé saber a mi mamá de la relación y que era una relación seria; le conté que tenía una novia, que se llamaba Lercy, que también era de la isla y que teníamos la misma edad, veintisiete años cada uno. También sentía que Dios estaba en el asunto, debido a que todo lo que le había pedido estaba contestado en la persona que conocía de Lercy hasta ese momento. Mi mamá no estaba del todo de acuerdo con esta nueva relación, pero no tenía mucho que decir al respecto, ya que todo hasta ese momento había sido un caos en mi vida.

Yo me mantenía trabajando y estudiando y dándole gracias a Dios por cada día, ya que sentí que estaba sanando de muchas situaciones que eran toxicas en mi vida. Me levantaba a trabajar con mucho ánimo y alegría por todo lo que estaba sucediendo. Salía con mi mamá para Walmart y hacíamos la compra con mucho menos estrés, aunque nunca me perdonó que botara a la señora de mi casa, lo que yo, a mi vez, nunca pude entender. Me sentía alegre sabiendo que mis problemas Dios los estaba solucionando a su manera y que mi único trabajo era confiar en Él.

Eso era exactamente lo que quería hacer: confiar en mi Creador. Entre los estudios y el trabajo, no nos podíamos ver con frecuencia, pero, Lercy después de sus trabajos, aparecía en ocasiones en mi casa, lo cual yo encontraba agradable. Verla hacer eso me demostraba que me quería. En una ocasión que vino entró a la casa, conoció a mi mamá y estuvimos hablando todos por un tiempo. Cuando nos dio hambre, Lercy y yo preparamos sándwich de huevo y nos lo comimos, y encontramos la situación bien jocosa y divertida.

Comencé a sentir algo especial por ella como nunca antes lo había sentido por nadie y me gustaba. Mi mamá no comentaba mucho al respecto, pero me preguntaba lo básico como para saber más de ella. Un día, cuando Lercy vino a la casa, estaba hablando con mi mamá y ella estaba prestando mucha atención a lo que Lercy decía. Como ella tenía más tiempo que nosotros en este país y era puertorriqueña, nos podía ayudar con mucha información. Comenzaron a tener una amistad muy sincera que yo no me esperaba construyeran tan rápido.

En cuanto a mí, continuaba orando y pidiéndole al Señor que me dejara saber si estaba siguiendo sus inspiraciones y dirección espiritual. Por el momento, en todo podía ver que algo fuera de mi control me estaba ayudando. Por primera vez estaba complacido con lo que estaba pasando en mi vida en general, y estaba muy contento por lo que el futuro en Jesús me traería.

Aunque Lercy y yo parecíamos dos niños pequeños, sabíamos que teníamos que hacer las cosas como Dios quería. Sentía en mi interior que estaba haciendo exactamente lo que Dios quería que hiciera. Sabía que el trabajo y los estudios y los problemas de la casa siempre estarían ahí esperándome, pero el amor del corazón se conquista una sola vez y esa experiencia única no la había sentido anteriormente con nadie. Continuaba orándole a Dios y le pedía que por favor me dejara saber si ella era la correcta. Recuerdo en uno de esos momentos en el que estaba orándole al Señor para saber cómo identificar quién era la correcta, su contestación fue "no hay forma". Lo que debíamos hacer era tener un corazón dispuesto para Nuestro Señor.

"Por esto dejará el hombre a su padre y a su madre, y se unirá a su mujer, y los dos serán una sola carne. Grande es este misterio; más yo digo esto respecto de Cristo y de la iglesia. Por lo demás, cada uno de vosotros ame también a su mujer como a sí mismo; y la mujer respete a su marido."

(RVR1960, Ef. 5:31–33)

Epílogo

Mi vida personal siempre se definió por un propósito: no caer en los problemas en los que los adultos a mi alrededor estaban cayendo. Estos problemas abarcaban diferentes situaciones, desde cometer adulterio, fornicación y toda clase de perversiones en la que los humanos suelen caer, hasta no visitar la iglesia. La iglesia fue mi salvación, aunque no podía asistir con más frecuencia, siempre dependía de algún amigo que me invitara.

Hubo momentos, sin embrago, en los cuales le puedo decir con franqueza que me encontré con fuerzas demoniacas que siempre me rodearon a donde quiera que me mudaba. De niño, tuve experiencias de este tipo mientras dormía en contra mía. A esa edad era imposible saber lo que estaba pasando, pero si de algo me di cuenta era de que siempre me metía en problemas cuando andaba con algunos de mis amigos en particular.

En algunas de estas experiencias, estuvo incluso expuesta mi vida, a través, por ejemplo, de personas que ni conocía que me tiraban el carro para hacer daño a mi persona. Si caminaba, me asaltaban y me quitaban pertenencias como mi dinero. Pero aun con todo lo que me sucedía, yo quería hacer el bien. Comencé a solo aprender lo bueno y rechazar lo malo, tratando de ocuparme de mi persona. Por esta razon y por todo lo que me a sucedió, le doy gracias a Dios porque soy quien soy gracias a su Gracia y el Amor. Aunque era de muy poca edad cuando todo esto comenzo a pasar, siempre le decía a Dios que fuera su voluntad en todo lo que tenia que ver con mi vida, y entre buenas y malas experiencias aprendí a dejar todo en manos del Señor.

Siguiendo esta nueva filosofía, me bauticé en el 2003 en la ciudad de Orlando, Florida. Comencé, tambien, mis estudios de discipulado en la iglesia y a ayudar en el departamento de Producción. En este punto de mi vida comencé a vivir todo lo que el Señor tenía para mí. Me casé con la mejor mujer del universo, luego de unos meses de habernos casado tuvimos una niña hermosa que llamamos Jarieliz Nicole Cosme. Ambos continuamos con nuestros estudios para poder proveer para nuestros niños, ya que yo sabía que quería tener tres y que la familia crecería. Tenía ganas de ser todo lo contrario de lo que había y vivido a través de mi crianza. En el transcurso de tres años tuvimos a nuestro hijo, Abner Gabriel Cosme que, para lo Gloria de Dios, es un hombre responsable, esposo amoroso, padre ejemplar y un amigo en quien confiar. Para alcanzar todo esto, solo tenía que entregar mis sueños, mis planes, mi futuro y mi vida a Dios. Así tomé la decisión de obrar en todo lo que envolviera a mi Señor.

En 2019 tuve la gran bendicion de visitar la Tierra Santa en un viaje de veteranos y de informacion. Para mí fue lo mejor que me había pasado como cristiano. Recuerdo que, estando en el Muro de las Lamentaciones orando por todas las personas del mundo, de momento comencé a orar por mi persona y le prometí a Dios que haría todo lo posible en mi ser para conocerlo más y entender mi propósito en Jesús. Hoy por hoy, vivo bendecido con mi Señor y con una familia increíble. Y no solo Dios me bendijo con una familia maravillosa, mi esposa y mis hijos; sino que, en el lugar en el que Dios quiso que nos mudaramos, Clermont, Florida, se cumpliría el plan para el que desde niño me estaba separando.

Vivo agradecido con mi Dios y todos los días de mi vida busco cómo puedo ser utilizado por Dios através del servicio. Este encuentro mío y de Jesús en Israel yo sabía que cambiaría mi vida para siempre.

Con base en todo esto y muchas más situaciones en las que lo malo quiso enredarme, decidí buscar del Señor en espíritu y verdad, con intención de cambio y siempre dispuesto a obedecer. Así nace lo que Dios puso en mi corazón como "El Siervo". Mientras meditaba en esto, Dios me inspiraba y me di cuenta de que todo lo que yo quería ser está dentro de este título. A muchas personas les cuesta llamarme el Siervo en mis oraciones, aunque es lo mismo que cuando un líder de la iglesia se quiere llamar pastor o salmista y los feligreses los reconocen. En mi caso es un poco difícil, mas le he pedido a Dios que me permita ser modelo para otros para que puedan ver que todo se puede en ti, Jesús, como que yo podía estudiar la Biblia y, a través de la lectura y a través de los años, dejar de oír de Jesús y conocer a Jesús. Le pedí que, si Él lo hacía conmigo, yo podría testificar grandeza y a través de mi ejemplo como servidor ayudar a otros a alcanzar su propósito y su bendicion. Siempre he anelado lo mejor para todo el mundo, pero no se podría si todos quisieran ser líderes.

En lo que a mí respecta, yo notaba que los recién convertidos no teníamos mucha información o dirección; que ellos solo hacían lo que podían y yo notaba que necesitaban mucha ayuda, pero no sabía cómo aprender o por dónde comenzar para ayudarlos. Por eso nace el Siervo, para poder ayudar en las áreas donde se necesitará ayuda y, de esta forma, servir de ejemplo a muchos, entendiendo que yo me miro como la última persona que merece entrar en el cielo porque no lo merezco. Así, si puedo ayudar a los que se están quedando más atrás de mí; si pueden coger fuerzar en mi testimonio y lo que Dios a hecho conmigo, pueden alcanzar su bendición como yo he alcanzado la mía. Mis deseos son que este libro sea de bendicion para todo aquel que plasme sus ojos en él, y que el amor de mi Creador y su favor lo bendiga siempre.

"Procura con diligencia presentarte a Dios aprobado, como obrero que no tiene de qué avergonzarse, que usa bien la palabra de verdad"

(RVR 1960, 2 Timoteo 2:15)

Bibliografía

Carro, D. (2007). *Comentario Bíblico Mundo Hispano: Génesis* (Vol. 1). Editorial Mundo Hispano.

Guerrero, H. (2003). *Bosquejos de Sermones de Toda la Biblia* (11th ed.). Editorial Mundo Hispano.

La Biblia de las Américas (LBLA). (s. f.). Bible Getaway. https://www.biblegateway.com/versions/La-Biblia-de-las-Am%C3%A9ricas-LBLA/

Nueva Versión Internacional (NVI). (2015). Bible Gateway. https://www.biblegateway.com/versions/Nueva-Version-Internacional-Biblia-NVI/#vinfo

Reina-Valera Revisada 1960 (RVR1960). (s.f.). Bible Getaway. https://www.biblegateway.com/versions/Reina-Valera-1960-RVR1960-Biblia/#copy

Reina-Valera Revisada 1960. (1998). Sociedades Bíblicas Unidas.

Agradecimientos

Le agradezco de todo corazón al Dios del Cielo, quien es mi motor de vida y Esperanza Divina. Agradezco también a Jesús, quien me enseña cada día cómo caminar con Él a través de una relación personal con Él. Agradezco inmensamente al Espíritu Santo, quien me guio a través de la vida y de mi crecimiento no solo físico, sino también espiritual. Agradezco a los Ángeles del Señor, quienes cumplen con su mandato y trabajan en nuestro favor en esas batallas que no vemos, pero sabemos en las que siempre interactúan con los hijos de Dios en protección y dirección mandada por nuestro Creador.

También quiero agradecer a mi familia, la cual siempre ha estado ahí. Siempre le agradeceré a Dios por tan hermosa familia que me dio en el mundo y con la que sé que me reuniré en la Nueva Jerusalén cuando Mi Señor venga. Lercy, una mujer luchadora y fiel, la descripción de lo que es una ayuda idónea. Es una mujer super especial. Y a mis bellos hijos, Jarieliz Nicole Cosme y Abner Gabriel Cosme, a los cuales amo con todo mi ser. ¡Gracias por tan hermosa vida, los amaré siempre!

Bendito sea Jesús de Nazaret

"Bendito sea el Dios y Padre de nuestro Señor Jesucristo, que nos bendijo con toda bendición espiritual en los lugares celestiales en Cristo, según nos escogió en él antes de la fundación del mundo, para que fuésemos santos y sin mancha delante de él, en amor habiéndonos predestinado para ser adoptados hijos suyos por medio de Jesucristo, según el puro afecto de su voluntad, para alabanza de la gloria de su gracia, con la cual nos hizo aceptos en el Amado, en quien tenemos redención por su sangre, el perdón de pecados según las riquezas de su gracia, que hizo sobreabundar para con nosotros en toda sabiduría e inteligencia, dándonos a conocer el misterio de su voluntad, según su beneplácito, el cual se había propuesto en sí mismo, de reunir todas las cosas en Cristo, en la dispensación del cumplimiento de los tiempos, así las que están en los cielos, como las que están en la tierra."

(RVR1960, Ef. 1:3-4)

¡Bendecidos!